JN032599

「育ちがいい人」だけが知っていること

「マナースクールライビウム」代表
諏内えみ

ダイヤモンド社

「育ちがいい人」と聞いて、
あなたはどんな人を
イメージされますか？

- 由緒ある家柄の人？
- しつけの厳しい家で育った人？
- マナーが完璧な人？
- お金持ち？

はじめに

「育ち」は、自分で変えられる！

「私はごく普通の家の育ちなので」
「最近おつき合いを始めた彼は育ちが良くて」
「私も主人も、家柄や育ちが特別いいという訳でもなく……
受かる子は、やはり育ちが違うのでしょうね」

これは、私が代表を務める「マナースクールライビウム」、そして「親子・お受験作法教室」でのカウンセリング時に、生徒さんからため息交じりに聞かれる言葉です。
これらに**共通する単語は、「育ち」**。みなさんが、「育ち」ということをどれだけ意識し、憧れているのかが感じられます。

「育ち」とは生まれ育った環境であり、自分では変えられないもの、一部の選ばれた人々だけがもつものだと思い込み、この何とも魅力的な「育ち」という佇まいを「自分とは無縁」と、手に入れることを諦めてしまっているのです。

でも、もし手に入れられるとしたら？

このように、多くの方が「育ちの良さ」は一部の特別な人だけのものと、思っていますが、私は、「育ち」をもっとシンプルに考えています。

「育ち」とは、その方の佇まいのこと。

所作やふるまいを、知っているかいないかだけのこと。

さらに言えば、

「知ろうとしているか、いないか」だけの差にすぎないのです。

「育ちがいい人」の共通点

私は仕事柄、皇室や政界、財界、有名芸能人、一部上場企業のトップ陣など、数多くのエグゼクティブや一流の方々と接するなかで、感じてきたことがあります。

それは、**「育ちの良さ」を感じさせる方には共通点がある**ということ。

その共通点とは……

マナー以前の**ちょっとした所作や言葉遣い**。

そこに表れるその方の**佇まいやオーラ**です。

なぜ、マナー講師である私が、今あえて「マナー以前の育ち」についてお伝えするのか?

なぜ、「育ちがいい人だけが知っていること」を、みなさまにお届けしたいのか?

その理由がここにあります。

実は、**お受験、就活、転職、婚活、結婚など、人生の重要な局面で、この「育ちの良さ」を問われることが圧倒的に多い**のです。

お受験では、お勉強や付け焼き刃の浅いお行儀ではなく、にじみ出る「育ちの良さ」が求められます。婚活でも、容姿や年齢、職業以上に「育ち」が重視されます。

たとえば、婚活がうまくいかない理由の多くに、食事中のふるまいがあげられます。

「買ってきたお惣菜をお皿に移さず、パックからそのまま食べる」
「お箸を三手で取り上げず、片手でつかんで取り上げてしまう」
「割り箸の箸袋で、お箸置きを作る」

これらは、マナー違反まではいかなくとも、品格や好感度が下がる日常の些細な習慣。

決まりやマナーの多い冠婚葬祭や、畏(かしこ)まったレストランなど非日常のシーンではなく、むしろ疑問すら感じることのない、**普段の所作が実のところとても大切**なのです。

そこに生まれない限り知ることができなかった、「良家のしつけ」とは？

せっかく正しいマナーを身につけて、会食やパーティでは完璧にふるまえても、マナー以前のところで気づかないうちに減点され、失敗してしまったり、チャンスを逃してしまう……これは本当にもったいないことです。

「何が、悪かったのでしょうか？」「どうすれば、よかったのでしょうか？」と、よく生徒さんから相談を受けますが、**その答えこそが「育ち」**なのです。

「育ちの良さ」は、良い家に生まれ、そこでしつけられない限り、知ることも、身につけることもできないと多くの方が思い込んでいます。

しかし、**知ることさえできれば、どなたにでも身につけていただけます。**

今回、本書に「育ちがいい」と言われる所作や、話し方、ふるまいのコツをまとめました。「こんなとき、育ちがいい人はどうしているの？」という疑問への答えをエピソードと共にご紹介させていただきます。

にじみ出る品と特別感で、「選ばれる人」に

昨今、私のスクールでは、第一印象アップ、エレガントなふるまい、好感の持たれる話し方、テーブルマナー、気遣い、ヘアメイクなど、「婚活」に特化したスキルをトータルで身につけることができる『婚活プログラム』もたいへん人気です。こちらでは、「育ち」や「品」を大切にレッスンを行います。

その結果、これらの感性、スキルを身につけた方は、

複数の男性に食事に誘われるようになったり、
おつき合いしている彼から**「自慢の彼女」として、**
友人やご両親に紹介されるようになったり、
長年どうしても2回目に繋がらなかった
お見合いや婚活が、嘘のようにトントン拍子で進んだり……

と、明らかにそれまでとは違う、特別な扱いを受けるようになられています。

ビジネスにおいてもうれしい報告がたくさん入ってきます。

10年間ずっと同じ秘書業務をしていた生徒さんから、

「**突然、昇給になりました！**　びっくりです」とご報告を受けたのもつい先日の話。

また、**上司やクライアントからの評価がグンとアップ**し、**「あなたなら」「あなたでなければ」と認められ**、任される仕事のレベルが格段に上がり、願ってもないクライアントを紹介された……など、想像や期待をはるかに超える成功を手にした生徒さんの多いこと！

「自分がこんなに変われるとは！」

「気がついたら立っているステージが上がっていました」

といった、講師冥利に尽きるありがたい言葉を本当にたくさんいただいています。

「育ち」が変われば、周りの評価や対応が変わり、それに伴い、ご縁が変わり、付き合う方が変わり、そしてあなたの人生も大きく変わります。

「育ち」は、美しさをも凌ぐ一生の武器

本書を手にしてくださっているあなたも、
「育ち」を変えれば、人生が変わります。

「育ちの良さ」とは、一度身につけたら失うことのない一生の財産です。
「育ちの良さ」とは、美しさを凌ぐ一生の武器となります。

そして、**どなたでも、今からでも、手に入れることができます。**

「育ち」は、変えられます。変えていいのです。
「育ち」は、自分でつくるものなのですから。

諏内えみ

第2章 話し方

第3章 見た目

第4章

暮らし

暮らし

第5章 人間関係

第7章 公共の場でのふるまい

第8章 食べ方

基本の食べ方

カジュアルな外食

美しい食べ方

和食

レストラン

第9章 オケージョン

品とエレガンスがにじみ出る
美しいふるまい

- ✔ 所作が美しくエレガント
- ■ マナーと立場をわきまえたふるまい
- ■ 目の前の方を大切にしている
- ■ 楽をしない
- ■ 相手や周囲のことを考えられる余裕をもつ
- ■ 当たり前のことを当たり前にする

第 *1* 章

ふるまい

気品やエレガンス、そして余裕……。
そういったふるまいの美しさから、
「育ちの良さ」はにじみ出ます。
そして公共の場なのか、
プライベートなのかビジネスなのか……。
育ちがいい人は、その場に合ったふるまいを
瞬時に選択できます。

ふるまい

1 無表情と笑いの間、ほほえみの表情

あなたは普段、自分がどんな表情をしているか、意識したことがありますか？

育ちのいい方の表情の特徴は自然なほほえみ。ところが、私のマナースクールの生徒さんにも、「笑う」か「真顔」しかできないと悩む方がいらっしゃいます。「笑う」と「真顔」の中間の「ほほえみ」ができない方が少なくないのです。

ほほえめない方は、表情が乏しく、会話をしていても、聞いてくれているのか、楽しんでいるのかが伝わらず、相手を不安にさせます。「自分は嫌われている」と誤解する方もいるかもしれません。

相手の心地よさを優先で考えた自然なほほえみは、人付き合いの最低限の気遣いで

す。私の生徒さんたちも、常に口角を上げる意識と表情トレーニングでかなりの印象アップに成功されています。

2 顔見知りでなくても目礼、会釈を

自宅マンションやオフィスの入っている建物のエントランスやエレベーターなどで、知らない方と一緒になることがあります。そんなときすっと、素通りするのではなく、目礼や会釈などの簡単なあいさつをしてくださると1日気分が良いですね。たとえ一度しかお会いしない方であったとしても、ほんの一瞬でも、こういったことが自然にできる方は、育ちの良さを感じさせます。

3 ごあいさつは、いったん立ち止まって

お受験教室のまだ幼い生徒さんが、きっちり動作を止めて、体をこちらに向けてお辞儀をしてくれると、「きちんとした家で育ったお子さん」という印象を受けます。

今、目の前にいる方を大切にしているという気持ちが伝わるからです。

せっかくあいさつをしていても、靴を脱ぎながら、パソコンの画面に体を向けたま
ま、歩きながら……では粗雑な印象に。わずかな時間でも、相手の顔をしっかり見て
ごあいさつをしましょう。また、相手が目上の方でなくとも常に自分から先にあいさ
つができる方は、素直でいい育ちをしていることが伝わります。

4 気遣いのフレーズが自然に出てくる

次のようなひと言があるかないかで、基本的なマナーや敬う心を理解しているかが
わかります。

- 壇上からであれば、「高いところから、失礼いたします」
- 座っていてすぐに立ち上がれないような場所なら、「座ったままで失礼いたします」
- 何らかの事情でマスクをしていたら、「マスクのまま失礼いたします」
- 事情がありとれないときは、「サングラスのまま失礼いたします」「帽子をかぶっ
たまま失礼いたします」「コートを着たままで失礼いたします」

5 美しいお辞儀の仕方

ご自分では「できているつもり」であっても、実際には、気持ちが伝わらない浅すぎるお辞儀、場にそぐわない深すぎるお辞儀、頭の上げ方が雑、全体的にゆっくりでメリハリがない……など、スマートで育ちを感じさせるお辞儀ができない方が、私のマナースクールの生徒さんのなかにも少なくありません。

アイコンタクトのあとに、背筋を伸ばしたまま首だけではなくウエストから30度ほど上体を傾けるのが、基本のお辞儀です。

より日常的な会釈の場合は、ウエストから15度ほど体を下げます。

日常的に行うものですので、ご自分のくせを確認しておきたいですね。

6 受け渡しは、いつ何時（なんどき）でも両手で

わかっているはずの基本マナーではありますが、物を受け取ったり渡したりするとき、つい片手になってしまうことはありませんか？　もし、テーブルをはさんで離れているなど、両手で渡すのが無理な体勢のときも、届かないまでも片手を添えるようなしぐさによって相手や品物を大切に思う気持ちが伝わります。

また、ペンやはさみの受け渡しは、とがったほうを相手に向けないことも子どもの頃に教わるマナーですが、自然とこれらができていますか？　両手と手渡す向き、ご自身の日頃の所作を振り返ってみて下さいね。

7 ひざにすき間をつくらない

指先や脚、脇にすき間があると男性的、もしくは、だらしなく見えることがあります。指先をそろえたり、脇を締めて腕を体に寄せていると女性らしくエレガント。脚

も同様で、ひざを閉じて両脚にすき間がないのが理想です。

座っているときしばらくは、ひざを閉じるように気をつけている方も多いはず。でも、ハプニング時にはどうでしょう？　たとえば、オフィスのデスクで書類を落として拾うとき。一瞬でもひざが開いてしまっていませんか？　とっさのときであっても、ひざはピタッとつけたまま動けるのが育ちがいい女性の条件です。

先日、高級な商品を扱うサロンのリーダー研修に伺ったときのこと。会場には全国から集まった本支店の社員の方々がずらりと並んでいました。見渡すと、私という厳しい講師を前に（笑）緊張気味で、上半身は背筋を伸ばしてとても美しかったのですが、ひざのすき間が開いている方の多いこと。閉じたつもりなのかもしれませんが、1㎝でも開いていては品を落としてしまいます。必ず、すき間クローズです！

8 字が丁寧で美しい

字が美しいと、「育ちが良い」印象に。実は私の「親子・お受験作法教室」で指導している幼稚園、小学校のお受験の願書はいまだに手書きなのです！「字は人となりを表す」といいます。文字に自信のない方であっても、丁寧さを心がけましょう。

9 ペンは3本の指で持つ

多くの方が正しく鉛筆やペンを持てていません。親指を突き出して持っている方の多いこと！　これではスムーズにペンを動かせませんし、見た目にも美しくなく、育ちを疑われることも。

ペンを持つときは、親指、人差し指、中指の3本をメインに使い、薬指と小指は添える程度に。ここまではほとんどの方ができていらっしゃるのですが、その親指の位置を誤っている方が実に多いのです。

人差し指の第一関節や第二関節のほうにずれてはいませんか？

ホテルやレストラン、ブティックなどでサインするとき、「こんな持ち方で何年、何十年書いてきたのかしら？」と思われないよう、今すぐ修正して下さいね。

第 *1* 章

ふるまい

10 テーブルについていいのは、手首まで

食事の席では、基本的にテーブルについていいのは手先から手首辺りまで。また、ビジネスシーンなどでも両手をテーブルの上に置くと、相手の話を熱心に聞いているというアピールになりますが、その際もひじまではつかないようにします。

このほんのわずかな位置で、好感度が大きく左右されるので注意が必要です。女性は手を軽く組み、手首を45度程曲げると、上品で美しく見えます。

11 指先はそろえるとエレガント

指先まで神経が行き届いている方は、丁寧な日々を過ごしている印象を

与えてくれますし、エレガントにも見えます。

指先は思っているよりずっと人の目につきやすく、全体の印象も左右するもの。爪の清潔さや美しいネイル、ささくれのケアなどお手入れも怠らないようにしたいですね。

12 口元を手で押さえすぎない

口元を見られるのが恥ずかしいからか、笑ったり、話したり、食べたりするとき頻繁に口元を手で押さえる方がいらっしゃいます。上品に見えるという勘違いのふるまいです。とくに海外などでは不自然に映るので気をつけましょう。

13 余韻・余白のあるしぐさが美しい

- お辞儀をしたときに頭をゆっくりあげる
- 電話は2拍おいて切る
- お箸は三手で上げ下げ（195ページ参照）

- 割り箸は扇を開くようにゆっくり割る（207ページ参照）
- 品物や書類はゆっくりと回しながら相手に向けてお渡しする

14 上品なドアの開け閉め

バタンと片手でするドアの開閉は、日本人としての所作の美しさを感じさせません。片手でドアノブを持ったら、もうひとつの手をそっと添えると、女性らしい上品なふるまいになります。荷物などを持っていてドアノブに届かなくても、添えるようなしぐさを。添えようという気持ちが丁寧な心を表してくれます。

15 洗練された椅子の座り方、立ち方

口ぐせのように、「よいしょっ」と言いながら、椅子の座面に手をついて立ち座りをしたり、ひざ辺りに手を当てて深いお辞儀をするように前傾して立ち座りする……身に覚えはありませんか？　これでは、スマートさやエレガントさが感じられません。

育ちが良く見えないのはもちろんのこと、疲れて、老けて見えてしまいます！

立ち座りの動作は、背筋をできるだけ伸ばし、ゆっくり優雅に行いましょう。脚を前後にずらすと安定しますよ。スカートを押さえながら座る際も、上半身がなるべく前傾しないように！

16 歩き方のくせを知っておく

私のマナースクールの生徒さんにも、「足音で、あなただってわかったわ」と言われる方が多いようです。歩き方には、シルエットだけで誰だかわかるほど、特徴やくせがあるもの。しかし、他人はその欠点を伝えてはくれないですよね。この機会に、ご自分の歩き方のくせや足音を確認してみませんか？

すぐに直せなくても、くせをわかっていることが大事です。

歩くときに気をつけたいのは、まず姿勢。耳、肩、くるぶしが一直線になるように立つのがポイントです。その上半身をキープし、かかとから着地するように歩きましょう。姿勢や歩き方は、第一印象を決定づける大きなポイントとなりますので、甘くみてはいけません！

17 待ち合わせの姿勢もエレガントに

待ち合わせ場所での姿勢は美しいですか？

待っているときに、背中を丸めて携帯を操作している姿には本当にガッカリです。楽だからと、脚が横に広がってしまうくせも直したいもの。脚は左右に開かず、前後にややずらして立つと、美しく見えます。

18 「どうぞ」はゆとりのしるし

ある日、時間に追われ急いでいたときのこと。細い道の先にはこちらに向かう犬のお散歩中の上品なマダムが。右・左どちらからすれ違おうかしらと頭の中で合理的に計算していたところ、そのマダムが立ち止まり、微笑みながら「どうぞ」と道を譲って下さいました。私が譲っても数秒しかかからなかったことをちょっぴり反省しながら、どんなときでも余裕と心遣いのある生き方をしたい、と感じた瞬間でした。

19 マナー違反横行！ 靴の脱ぎ方

訪問時の靴の脱ぎ方で、育ちがわかってしまいます。

クルッと後ろを向いて靴を脱ぎ、上がってしまっていませんか？ 大切な場でこのようなマナー違反をしてしまうと、あなたの品は著しく下がってしまいます。

正面（家の中）を向いたままで脱ぐのが正解です。脱いで玄関に上がったら、体の向きを変えてひざを折り、靴を１８０度回して隅に寄せます。

靴をそろえるのが面倒だからと後ろ向きで脱ぎ、そのまま上がってしまうのは、「脱ぐ」「回す」の動作を分けて行わずに飛ばしてしまう、粗雑で失礼なふるまいとなります。このふるまいをきちんと分けて丁寧に行えば、彼やご主人のご実家や、和食のお店の玄関で、恥をかくこともないでしょう。

正しい靴の脱ぎ方

OK!

20 素直さは良い育ちの証し

「良い育ち方をされている」「お家のしつけがよろしいのね」と思わせる方は、素直な性格の方が多いように思います。心から人をほめたり、感謝したり、共に喜んだり。そしてうらやましいときは「いいわね。うらやましいわ」「素敵！　私もほしいな」と、素直に伝えられる方です。

他人をほめられないのは自分に自信がないからかもしれません。自分の生き方であったり、スキルであったり、何かひとつでも自信を持てることがある方は、心に余裕ができ、素直に相手を賞賛することができるものです。

気遣い

21 洗面台は、使ったら軽くふく

洗面台に水滴や髪の毛が残っているだけで、清潔感が失われてしまいます。使用後に、サッとひと拭きするだけで、次の方が気持ちよく利用できますね。

このわずか数秒の心配りができるかどうかが、あなたのこれまでの育ちや生き方を表します。

22 トイレットペーパーの三角折りはNG！

水回りといえば、もうひとつ気をつけていただきたいことがあります。トイレットペーパーのふちを三角に折る方。次の方が使いやすいようにという配慮かもしれませんが、かえって不衛生で、誤った気遣いとなります。

三角折りは、「お掃除が済みました」というサイン。掃除を担当する方以外がなさるのはかえっておかしく、逆に品性を疑われてしまうかもしれません。

23 次の方がお化粧室を気持ちよく使える気遣い

- ふたをしめる
- トイレットペーパーの切り口はきれいに
- 電気をつけっぱなしにしない
- スリッパはきちんとそろえて戻す
- 最後に振り返り確認する

24 使ったあとは振り返る余裕をもって

お化粧室、洗面所、バスルームなど、とくに水回りといわれる場所を使ったときには、出るときに振り返って、元の状態に戻っているかをチェックしましょう。

水回りを美しく使えるか否かで、あなたの育ちや品が如実(にょじつ)に伝わります。

25 脚を組む際のTPO

欧米や外資系企業などでは、公の場で脚を組んだり、椅子に大きく寄りかかったりすることに違和感はありません。人をペンで指したりもします。

でも日本では、目上の方や上司の前でそんな所作はNGとされていますね。

レストランや公共の場、またビジネスシーンでは、同期、上司、取引先、クライアントなど、誰が同席しているかで、瞬時に姿勢や所作をコントロールできるのが、素敵な女性です。

26 さりげなく、人の椅子も直す

会議や集まりの場などで、お開きのあとに出しっぱなしになっている椅子を何気なく直している方は育ちの良さを感じさせます。

お隣や移動中に直せる分だけで構いませんので、さり気なく整えると、ご自身も気持ちよくなりますね。

27 デスクの下で靴を脱がない

デスクの下、カフェやレストラン、そして電車の座席で、パンプスのかかとを外して半分脱いでいる方を見かけます。本人は「ちょっとだけ……」のつもりでも、目に入る方たちにとっては気になるものです。

末端部分の所作であっても、非常にだらしのない印象を与えてしまうことを認識しておきたいですね。

28 交通系ICカードはチャージしておく

改札口で「あ！　チャージが切れちゃった！」とあわてて券売機に向かい、同行者を待たせてしまった経験がある方もいるでしょう。ただし、これが頻繁に続くと、段取りが悪くだらしない印象を持たれてしまいます。あなたの周りにそのような方はいらっしゃいませんか？　同行者を待たせない、後ろに並んだ方に迷惑をかけないなど、日々気をつけていたいものです。

29 スーパーのかごをきちんと戻す

スーパーのかごを台の上にそのままにしておいたり、きちんと重ねずに、ずれて置いてしまっても直さずに立ち去ってしまう方をお見かけします。使ったものは片付ける。その基本的なことができない方は、生活が整っていない印象を与えます。

30 ドアを開けて待っていてくれる方は素敵

欧米などでは誰もが当たり前に行う習慣ですが、百貨店の入り口やオフィスビルのドアなどを、次の方のために開けて待っていてくれる方は日本では悲しいことに稀(まれ)。階段や電車の乗り降りの際などにベビーカーを乗せるのを当たり前に手伝う姿も、他の国と比較して少なく感じます。こういったシーンで何のためらいもなくサッとふるまえる方は、男性でも、女性でも、いい暮らし方をしている印象を受けます。

目立ちたくない、注目されたくない、照れくさい……などの思いがあるかもしれませんが、見て見ぬふりをせず当たり前に動ける人でありたいですね。

31 エレベーターでは「何階ですか」「どうぞ」の言葉がすぐに出る

自宅のマンションなどのエレベーターで住人と居合わせたとき、「おはようございます」「こんにちは」とあいさつを交わすくらいは、みなさんも当然されていると思います。育ちがいい方は、そこからもうワンステップすすんでいます。

誰かが乗り込んできたら「何階ですか？」と操作盤を押してさしあげる。「どうぞ」と声に出したり、手のしぐさで先にお降りいただく。夜の時間でしたら降り際に「お休みなさいませ」と告げる……。こんなことが自然にできる方とご一緒すると、幸せな気持ちになりますね。

32 雨の日のたたんだ傘の持ち方

たたんだ傘の持ち方には、注意したいもの。つい傘の柄を腕に掛けてしまいがちですが、必ず傘の先が向いている方向まで確認しましょう。柄を手首の内側から掛けると他人に向いてしまいますので、外側から掛けるなど、小さな気遣いですが、忘れずに。

33 雨の日にすれ違うときは

傘をさしながら狭い道を歩くとき。前から来た人とすれ違う際、外側（相手と逆側）に傘をかしげて相手にぶつからないようにする、「傘かしげ」と言われるしぐさ。昔から日本人が当たり前にしている気遣いですが、時々これをなさらない方とすれ違い、不快な思いをすることも。憂鬱な雨降りの日は、とくに快適に過ごせるようお互い気遣いをもって過ごしたいですね。

品と知性が伝わる話し方

- ✓ 言葉選びが美しい
- ■ 正しい敬語を知っている
- ■ 距離感が心地いい
- ■ 求められていることを察知し適切な言葉にできる
- ■ 相手に恥をかかせない気遣い
- ■ 場や時間、相手の事情を考慮できる

第2章

話し方

何気ない言葉、
とっさの発言に「育ち」が出ます。
改まったシーン、くだけたシーンにかかわらず、
品のよさや優しさ、知性を感じさせる話し方とは
どのようなものでしょうか?
言葉は育ちを映し出す鏡です。
自分の話し方を振り返ってみましょう。

言葉遣い

34 必ず「お」をつけたい4つの言葉

育ちの良さがにじみ出ている方に共通するのが、言葉遣いの美しさ。一朝一夕（いっちょういっせき）で言葉遣いを完璧に改めるのは難しいかもしれませんが、今すぐ心がけられるものをいくつかご紹介します。

たった1文字つけることにより、丁寧な印象になる言葉があります。

それは「お」。

とくに「料理」「化粧」「箸」「風呂」は、「お」をつけていただきたい言葉です。

たとえば、「化粧、直してきます」と聞くとどうでしょうか？　ちょっと乱暴で品があるとはいえません。でも「お」をつけて、「お化粧、直してきますね」なら、ごく当たり前の品が感じられます。
そのほか、砂糖、塩、米、しょうゆ、味噌汁なども、「お」をつけたい言葉です。

《私が必ず「お」をつける言葉》

- 箸
- 化粧
- 料理
- 風呂

《プラスアルファ》

- しょうゆ
- 砂糖
- 塩
- 米
- 味噌汁
- うどん・蕎麦
- 豆腐　等

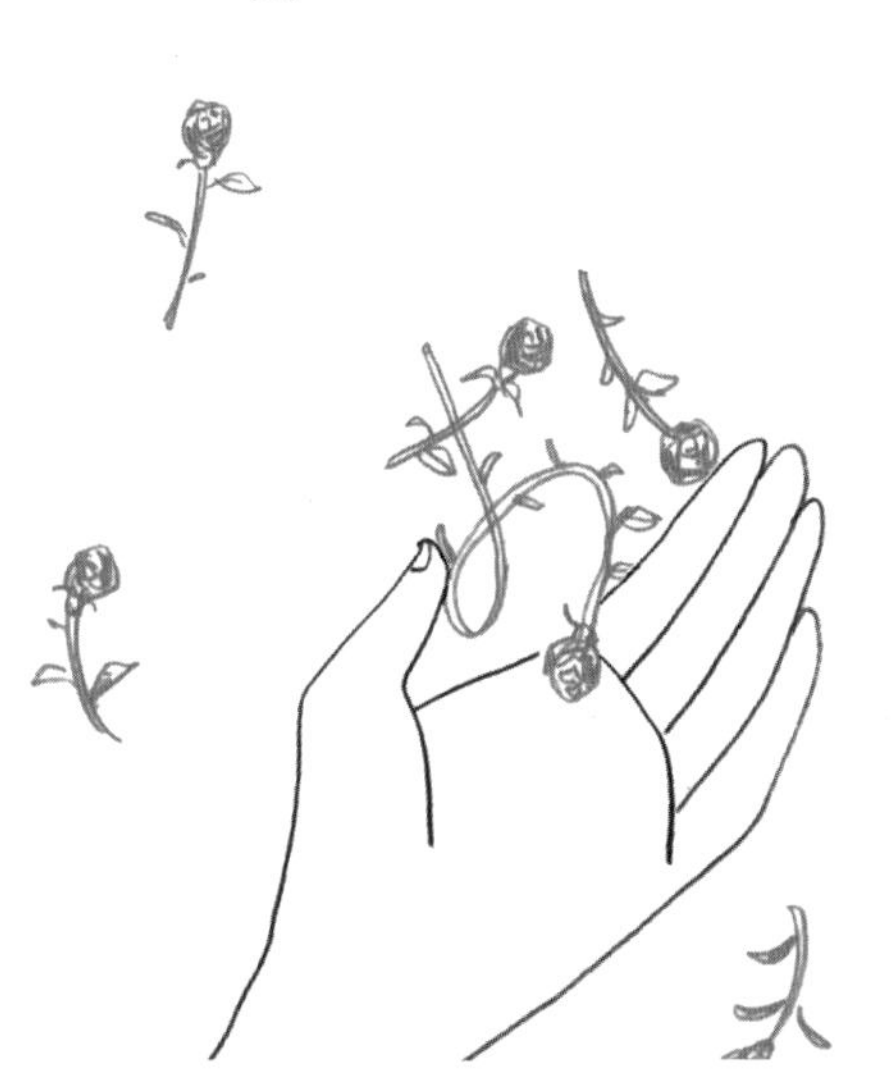

35 クッション言葉を上手に使える

クッション言葉を的確に使える方が少ないように感じます。相手にお願いしたり、お断りしたり、お尋ねしたりするとき、ストレートに言うときつい印象になることも、クッション言葉を前置きするだけで、やわらかく伝わります。

「恐れ入りますが」「失礼いたします」「すみませんが」「申し訳ありませんが」などは、ちょっと言いにくいことも、相手に快く受け止めてもらえるため、一般的に使われていますね。

これにプラスして、「お差し支えなければ」「ご迷惑でなければ」「失礼かと存じますが」などクッション言葉のバリエーションを増やしておきましょう。

そのボキャブラリーの豊富さが育ちの良さを感じさせます。

36 まずは、自分の口ぐせを認識する

誰にでも口ぐせはあります。私の生徒さんにも、会話の最初は必ず否定から入る方が何人かいらっしゃいます。本当に否定しているわけではなく、「いや!」「違うの!」などが口ぐせになってしまっているようなのです。

口ぐせを連発されると、「また言った。もう5回も言っている」と、内心気になりませんか? なんとなく品も失われてしまうので、気をつけないといけませんね。

自分の会話を録音して聞いてみたり、周囲の人や家族の方に指摘してもらったりして、どんな口ぐせがあるのか一度チェックしてみてはいかがでしょう。

37 尊敬語と謙譲語がきちんと使える

「受付で伺ってみて下さい」という言葉を耳にすると、残念に思います。「伺う」は謙譲語、へりくだる表現ですから、相手の方に使ってはNG。正しくは「受付でお聞

きいただけますか」です。

「いただく」「召し上がる」も、きちんと使える方が少ないですね。どちらも丁寧に感じてしまうのか、「おたくのご主人、お夕飯はおうちでいただくの？」といった会話を頻繁に耳にいたします。「いただく」は謙譲語ですから、この場合は相手を高めて敬意を示す尊敬語の「召し上がる」が正解です。しかし、このように尊敬語と謙譲語を間違って使っている方が実にたくさんいらっしゃいます。

多くの方が間違えがちな敬語を、正しく使う方にはやはり育ちの良さを感じます。間違った敬語遣いには敏感に違和感をもつ感性を、大人としてぜひ身につけたいですね。

《間違いやすいもの》

【言う・話す】

×「先ほど申されたように」

○「先ほどおっしゃったように」

【行く】

×「明日も、伺われますか？」

○「明日も、いらっしゃいますか？」「明日も、行かれますか？」

【いる】

×「○○様はおられますか？」

○「○○様はいらっしゃいますか？」

【聞く】

×「あの件、もう伺われましたか？」

○「あの件、もうお聞きになりましたか？」

【目上の方にはＮＧとされている表現】

×「ご苦労さま」「ご苦労さまです」

△「お疲れさま」「お疲れさまです」

本来、目上の方を労う言葉は失礼にあたるとされています

38 若者言葉、流行り言葉を使わない

普段使っている言葉は、大事な場面でもつい出てしまうもの。たとえば、お付き合いしている彼のご両親に初めてお会いするとき。「まじ!?」「ムリ!」「やばい」「超うれしい」「わかるー」などの言葉を相手のご両親が聞いたら……。息子の相手としてふさわしいかどうか、疑問符がつきそうです。

言葉遣いで、育ちや人間性をはかられてしまうこともあると、心に留めておいて下さい。

テレビで活躍されているアナウンサーの方たちは、プライベートのときも「言葉遣いは美しく」を心がけているそう。生放送やハプニング時に素の自分が出てしまうことがあるからです。

ぜひそんな姿勢を見習って、日常の会話でも美しい言葉を選びたいものです。

39 「すみません」は使わない

「すみません」は便利な言葉ですが、謝罪や依頼、感謝など、どんな意味にでもとれるあいまいな言葉でもあります。これでは相手に気持ちが伝わりにくく、また丁寧さに欠けるという印象を与えてしまうかもしれません。

感謝なら「ありがとうございます」、依頼なら「お願いします」、謝罪なら「申し訳ありません」など、的確に気持ちを表現する言葉を使いましょう。

40 感じのいいあいづちの打ち方

会話では、あいづちやうなずきを使って相手の話に共感しているというサインを送ると好印象を与えられます。ただ、頻繁なあいづちやうなずきは裏目に出ることも。

相手の話に、かぶるほど早く、「はいはいはい」と何度もあいづちを打ってしまうと、そんなつもりはなくても、「興味がない」「そんなことは知っています」「早く終わらせたい」と、誤って伝わってしまいます。程よい頻度を心がけましょう。

41 ほめられたときの感じのよい受け答え

最近は、ほめられたらへんに謙遜せずに「ありがとうございます」と返すのがよしとされる傾向にあります。ほめ言葉に素直に反応するのはいいことですが、いつでも「ありがとうございます」だけでは、謙遜が美徳とされている日本では疑問に思う方もいらっしゃいます。さじ加減が難しいのですが、おほめいただいた方との関係性や頻度を考えて、言葉選びをしたいもの。

相手が目上や年配の方なら、「ありがとうございます。初めてほめられました」「そうおっしゃっていただき、少し自信がつきました！」「励みになります」と、うれしい気持ちと相手へのリスペクトをまじえたお礼を言えると、相手の方も心地よく感じて下さるでしょう。

そんなふうに相手の気持ちを察する俯瞰力をもつ人は、「わきまえている方」と思わせます。周りの方にほめがいのある素敵な方と思ってもらいたいですね。

第 *2* 章

話し方

42 家族の呼び方に育ちと品が出る

●夫

「うちの旦那がね……」と言う方に、育ちの良さや品は存在しません。たいがいこのあとに、ご主人のグチが続くパターンが多いようですね。ただし、「主人」では、身内に対して敬意を表す言葉となってしまいます。大人の女性なら、フォーマルな場では「夫」が正解です。

●子ども

他の方とお話しするときに、自分の子どものことを「うちの○○ちゃん」「○○○くん」と呼ぶのはいかがなものでしょう。「うちの娘が」「長男が」と言えるようにしたいですね。いい大人が自分の親のことを「うちのお母さん」「パパ」と呼ぶのもいただけません。

ペットについても同様です。「ちゃんづけ」は、家族以外の方や、動物好きではない方にとっては違和感があるので注意しましょう。

●自分
「あたし」は幼く感じさせます。「わたし」か、オフィシャルな場なら「わたくし」です。

43 素敵な女性は、「大丈夫？」より「大丈夫よ」

レストランなどで友人が飲み物をこぼしてしまったとき、あなたならどうなさいますか？　ほとんどの方が口にするのは「大丈夫!?」という言葉ではないでしょうか。

しかし、同じ「大丈夫」でも、「大丈夫!?」とあわてて問いかけるのではなく、「あ、大丈夫。このナプキン使って」「大丈夫よ、お店の方におしぼりいただくわね」という落ち着いたニュアンスで、相手を安心させてあげましょう。

こういうちょっとしたハプニング時に、驚いたり騒いだりして事態を大ごとにしてしまう方がいますが、なるべく相手に恥ずかしい思いをさせないように収めてあげたいもの。

そして、本人より先にお店の方にお詫びやお礼を言って差し上げましょう。

電話・メール・SNS

44

余韻をもって電話を切る

私が常日頃から大切にしていることに「余韻」があります。

余韻のあるふるまいは上品です。しかし、残念なことに、携帯電話で、ブツッと切ってしまう方も少なくありません。

急いでいる際であっても「立て込んでいるので切らせていただきます」などのひと言を付け加えて切りたいものです。

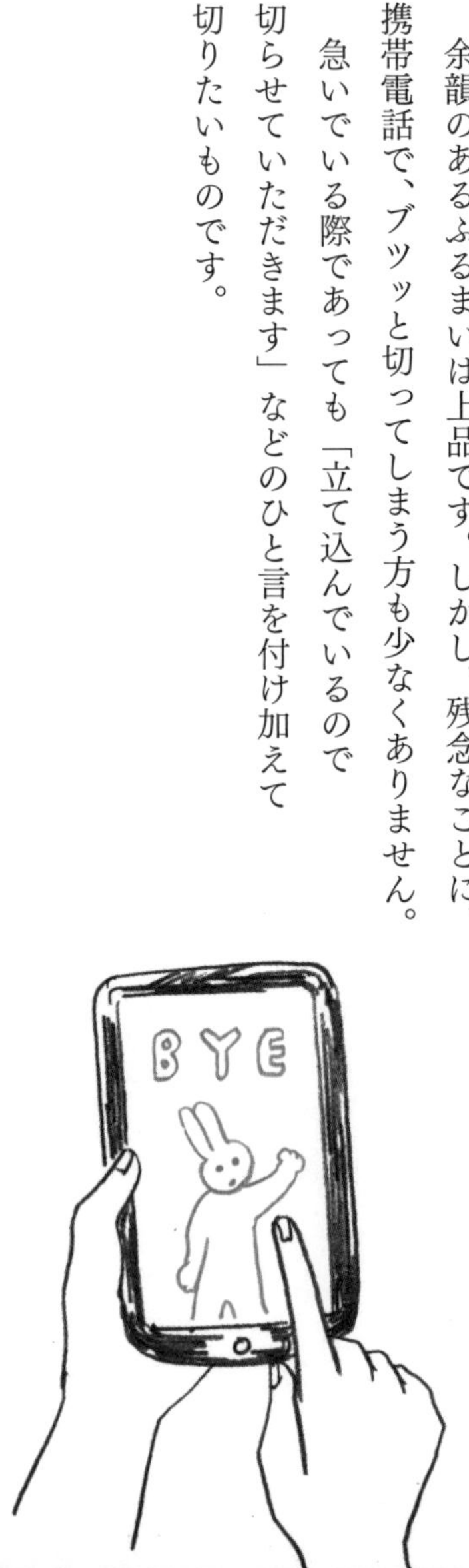

45 夜分のメールにも気遣いを

電話をかけても差し支えない時間は、一般的に「午前9時〜午後9時」などといわれています。でも、最近のコミュニケーション手段のほとんどは、電話ではなくメールやSNS。そのため相手が何をしているかなど気にせず、何時に送ってもいいと思ってしまいがちですが、できる方なら、「遅い時間に失礼します」「休日にごめんなさい」という気遣いの言葉があります。この、ほんのちょっとしたひと言が、あなたの品性を左右します。

46 SNSに許可なく写真をあげない

昨今よく取り上げられるのが、知らない間に自分の姿がSNSにあげられてしまうという問題。写りが気に入らないお写真も迷惑な話ですが、誰が、いつ、どこにいたのかということは個人情報でもありますので、必ず本人の許可を取っておかなければなりません。SNSはあっという間に拡散される恐れもあります。

他人の個人情報に細かな注意を払えない方は、育ちを疑われてしまいますので、留意して下さいね。

47 コメント欄に気遣いのセンスを！

フェイスブックやインスタグラムなどSNSのコメントに、気遣いのセンスのない方をお見受けします。たとえば、お誕生日のメッセージ。後日になってしまった場合の、「遅くなってごめんなさい！　おめでとう」や、催し物やセミナーの告知に対し、「残念ながらその日は仕事で伺えません。次の機会にぜひ！」など。

一見、ちゃんとお詫びの文章を書いているいい人、と思われそうですが、実は書かれた当人にとっては少々迷惑に感じることも。それに、やり取りを見ている方たちからは、「誕生日を忘れていた人」「欠席をわざわざオープンにする人」など、相手のことをそれほど大切に考えていない人という印象に映ってしまいます。

また、出席しないことをあえて公にすることは、失礼にもあたります。

遅れたお詫びや欠席の連絡は、わざわざ公開するものではありません。他の方はご覧になれない個別でのメッセージでお伝えしてはいかがでしょう。

48 家族自慢、ペット自慢

ビジネス仕様の投稿は自社の製品やサービスのよさを告知する目的ですので、自己アピールや自画自賛、「リア充」と呼ばれるものでも全く問題ありませんが、個人の投稿の場合は、残念な印象を与えてしまうことが少なくないようです。「かわいいですね」「お幸せですね」が欲しいがための、頻繁なペット自慢、子ども自慢、孫自慢にはやはり違和感を覚え、品を感じていない方もいらっしゃるかもしれません。

49 メールやSNSの書き込みは冷静になってから

メールやSNSでのコメントは、あとあとまで残るということ、容易に拡散できるということを念頭におく必要があります。とくに、相手に対する抗議やクレームを伝えたいときは、いったん冷静になる必要があります。

自分が渦中にいるときは興奮していますし、精神状態がふつうではないので、必要以上に攻撃的になりすぎてしまうおそれも。翌日まで書き込むのは控え、冷静になってから、できるだけ淡々と書く、もしくはSNS以外の場所で意向を伝える選択をしてみては?

衝動で行動せず、気持ちをコントロールする。またそれ以前に、尊敬できない相手のために、自分の大切な時間を費やしすぎない。そういった賢い取捨選択ができる余裕を持ちたいものです。

「育ちの良さ」を感じる見た目

- ✓ おしゃれというより、素敵、粋
- ■ すべてに清潔感がある
- ■ 細部まで行き届いている
- ■ 人に見えない部分をなおざりにしない
- ■ 場になじんでいる
- ■ TPOをわきまえた装い

第 *3* 章

見た目

シチュエーションに合ったみだしなみ、
違和感のない装いができるのが、「育ちの良さ」。
そして、いつでも手を抜かずに
美しく手入れが行き届いていること。
いつもは隠れている部分が
ふいに見えたとき……
そこに真の美しさがあります。

みだしなみ・ファッション

50 髪やスキンケアに手を抜かない

髪も肌も一朝一夕で美しくなるものではありません。日々慌ただしく、時間に追われていると、規則正しい生活がおろそかになり、睡眠や食生活も乱れがちに。まずは、ほんの何分かであっても、ふっと心を落ち着かせる時間をつくってみて下さい。

私の大切にしていることのひとつが「余裕」。どんなときも余裕を忘れずにいることで、見た目も美しく品よくありたいものです。

51 普段目につきにくいところも美しく

あなたのひじ、ひざ、かかとはきちんとお手入れされていますか？

どんなにメイクが美しくても、見えないところで手を抜いていては本当に素敵な女性とはいえません。

メイクもファッションも完璧。一分のすきもなかった女性のサンダルからちらっと見えたかかとが、がさがさにひび割れていて驚いたことがありました。思わぬところにすきが……もったいないですね。いつもは隠れている部分がふいに見えたとき、そこにその方の日々の生活と育ちが出るような気がします。

52 帽子やサングラスは「迷ったらとる」

「帽子は室内ではとるべきですよね？」というご質問を受けることがあります。

女性の帽子のルールとしては、ヘア飾りと見なされるので、つばの大きくないものであればレストランでもとらなくてもよいのです（もちろん、明らかに日よけ、防寒の役割のストローハットやニット帽などはＮＧです）。

ただし、日本では違和感を覚える方も多いでしょう。相手が疑問に感じる前に、たとえマナー違反ではなくても、とる判断ができるのが育ちの良さです。

要は、その場でご一緒する方々に違和感を持たせてはいけないということです。いつもマナーどおりではなく、状況を見て対応ができる「俯瞰力」を身につけていただきたいですね。もし、個人的な事情で帽子をとるのが難しいなら、「帽子のままで失礼します」とひと言添えて。

また、ビジネスの場ではいつ誰に見られているかわかりませんし、エレベーターで上司やお客様と乗り合わせることもあるかもしれません。オフィスの建物に入る前に、帽子、サングラス、ヘッドフォンの類はとっておくべき。「迷ったらとる」が正解です。

53 その場に違和感のない装いをする

毎日、和服でオフィスに出社される女性がいらっしゃいます。これはマナー違反ではありませんが、ほとんどの方が洋装の現代では、よくも悪くも目立ってしまうことは否めません。「主役になりたい人」「目立ちたい人」「自慢したい人」と、思われても不思議ではありません。

服装選びに困ったら、自分はその場で主役なのか脇役なのかなど、立場を優先して考えましょう。ビジネスの場ではとくに、露出が多かったり、カジュアルすぎたりする服装はＮＧである場合も。

個性をもちつつも周囲と違和感のないもの、会社の方針に合った装いをするのが、俯瞰力のある女性です。

54 年相応のみだしなみが美しい

流行りばかり追わず、個性あるファッションをなさる方は素敵ですね。しかし、オフィシャルな場面ではそれだけではＮＧ。

たとえば、脚に自信のある方のミニスカートや、肌見せファッションなどは、とくに気をつけたいもの。年齢とのギャップで、かえって老けて見えることもありますので要注意です。個性はキープしつつ、浮きすぎないファッションをチョイスできる方は、一目置かれる存在となるでしょう。

55 ひざの上のハンカチはおすすめしません

カジュアルな場ではお好みの装いでよくても、オフィスや格式の高い場では周囲に合わせられるのも品性。ＴＰＯをわきまえた装いのできる方は、育ちの良さを感じさせます。

以前、お打ち合わせで同席した女性が、とても短いスカート姿で現れました。彼女はソファに座るとハンカチを取り出し、ひざの上にかけたのです。

一見、「女性らしい」と思わせるかもしれませんが、非常に違和感があります。

これでは打ち合わせ中、ずっとハンカチに目がいきそうです。

「そこまでしてその丈のスカートをはきたいですか？」と思わせてかえって下品な印象となり、残念に思いました。

56 ノースリーブにはジャケットを用意

夏のノースリーブは女性の魅力を引き立ててくれますし、おしゃれとしても楽しいもの。私もノースリーブは大好きです。ですが、目上の方とお会いするときはジャケットを羽織るべきだと考えます。

ビジネスシーンでは、予定外の会議や会食が突然入ることもあります。そのときになってあわてないように、ジャケットはあらかじめ準備をしておきましょう。

会社にお勤めなら、ロッカーにベージュや黒などどんな服とも合う1着を常備したいですね。「そういうことがあるかもしれない」と、想像力を働かせることのできる方が大人の女性です。

57 アクセサリーもTPOでセレクト

ビジネスの場で、揺れるタイプや大きなピアスをしていると、打ち合わせをしていても、ついそこに目がいってしまいます。おしゃれなだけではなく、その場にふさわしいかどうかまで考えてアクセサリーをセレクトするべき。

アンクレット、パワーストーンなどもつい視線がいってしまううえに、相手に違和感を抱かせてしまうかもしれません。

58 「ちょっとそこまで」でも気を抜かない

制服姿の会社員の女性たちが、ランチ時にカーディガンを羽織り、お財布を小脇にかかえて小走りでお店に向かうシーンをよく見かけます。彼女たちがはいている靴は、決まって会社用のサンダルだったりします。すぐ近くにランチに行くだけだからかもしれませんが、そんな姿に私はやや疑問をもってしまうことも。

たとえ近くでも、たった1時間の休憩時間であっても、外は外。きちんとバッグを持って、靴も会社用のサンダルからはき替える余裕がある女性は素敵に感じませんか？　お店のランクや、また、取引先の方にお会いする可能性も想像したらなおのこと。「ちょっとそこまで」であっても、手抜きのない装いを心がけたいものですね。

59 急な来客でもあわてない装いを

たとえば宅配便が急に届いたら、どんな姿で玄関に向かいますか？　「パジャマでもいいか」では、育ちがいい女性とは言えないのでは？

自然災害や火事など、いつ何が起こるかわかりません。不測の事態で外に飛び出したときに、人に見せたくないスタイルでは困ることも。

せめて近所で知り合いに会った際、こちらからごあいさつできるくらいには、常に整えておきたいですね。誰に見られても恥ずかしくない程度の準備ができている方が「余裕のある人」なのです。

60 ランジェリーのこと

「見えないところのおしゃれ」とはよく言ったもの。

急病や不慮の事故などでいつ救急車で運ばれるかわかりません。万が一病院に運ばれても恥ずかしい思いをしないアンダーウェア、ランジェリーを意識しておきましょう。

61 和室や目上の方のお宅に、ブーツをはいて行かない

事前に「和食のお店に行く」「彼のご実家を訪問する」とわかっているなら、ブーツはさけたほうがよいでしょう。私のスクールでもブーツの美しい脱ぎはきをレッスンしていますが、とても難しいもの。玄関先でもたもた手間取るとご一緒する方をお待たせしますし、優雅ではありません。なるべく脱ぎはきのしやすい靴を選びましょう。

場に合った装いを考えられる女性は、気遣いのできる方という印象を与えます。美容室にタートルネックで行かない。病院や健康診断にワンピースで行かない。アウトドアやバーベキューにヒールのある靴で行かない……など、ご一緒した方に気を使わせない装いができる想像力を大切に。

62 靴のインソールにも気を使う

あなたの脱いだ靴、意外と見られているかも。
インソールが古くなっていたり汚れていたりしませんか？
脱いだ靴からも、あなたの美意識や育ちが垣間見えると心得ておきましょう。

63 靴の後ろ側は大丈夫？

生活の整っている方、真におしゃれな方は細部まで気を使うもの。とくにヒールの美しさには気を配りましょう。つま先は目に入りやすいですが、靴の後ろ側は、自分では気づきにくい部分です。知らない間にかかとが削れていたり、革がめくれていたりすることも。周囲に指摘される前に、チェックしておきたいですね。

64 その場に合った靴選びができる

靴もＴＰＯに合わせて選びます。カジュアルな場所なら、フラットな靴でもよいでしょう。ですがフォーマルな席なら、少なくとも５㎝以上のヒールのある靴を選ぶべきです。パーティなど、とくに優雅にふるまいたい場なら、女性の脚を美しく見せてくれる７～８㎝以上のヒールがおすすめ。中途半端な高さのヒールは野暮ったく見えることも。

ただし、葬儀に参列するのに高すぎるヒールでは品性を疑われます。ファッショナブルな場なのか、厳粛な場なのか、的確に判断できる女性でいたいですね。

65 靴の音にも敏感に

階段を下りるときのミュールのカンカンカンという音、廊下を歩くときのハイヒールのコツコツという音。靴のかかとの音は、けっこう気になります。今日は大きな会議で資料を配らなければいけない、美術館に行くから……など、音が気になると予想される日は、手持ちの靴の中からのチョイスもしっかりなさるように。

66 シワ、シミ、毛玉、ほつれに注意

いくらハイブランドの服を着ていても、シワ、シミ、毛玉があっては台無しです。たとえクリーニング上がりであってもだらしなく映ってしまいます。白シャツやブラウスは、アイロンがかかって、シワひとつないと清潔感と育ちの良さを感じさせます。面倒くさがらずに、きちんとアイロンをかけたいですね。自分では気づきにくいのですが、スカートのすそのほつれにもご用心を。毎日、

360度チェックしたいものです。

家を出るのがいつも時間ぎりぎりでは、点検している暇もありません。余裕をもって出掛ける前の服装チェックをすることで、育ちがいい女性の装いが完成します。

67 ブラックフォーマルは、マストアイテム

大人の女性なら必ずもっておきたいのが、フォーマルな黒のワンピースやジャケット。季節に相応(ふさわ)しいものをそろえておくのが大人の条件です。

フォーマル用の服は、シルクやウールなど上品な素材のものを。たとえ高級なカシミヤであっても、ニットはフォーマルなシーンや改まった場には着ていけません。麻、綿も同じです。私も麻は大好きですが、すぐにシワができることを考えると、大切な場には選べません。

TPOをわきまえた最適な服装をセレクトできる選別の力（識別能力・感覚力）が養われているかどうかというところに、育ちが出るといえるのかもしれませんね。

68 指先もTPO

美しく整えていることと、ファッショナブルであることは異なります。

いくら素敵なネイルでも、それはあなたのビジネスシーンに適していますか？　書類を指すとき、お茶をお出しするとき、本来脇役であるべきネイルに目がいってしまってはビジネスパーソンとして合格とは言えません。

指先までのTPOを考える力を養いましょう。

69 玄関に姿見を置く

玄関に、全身が見られる姿見がありますか？　家を出てから、「あ、今日の靴、服と合ってないわ。このスカートの丈と合わないわ……」と後悔する経験をみなさんお持ちでしょう。

服装は必ず、靴もはいた状態で確認します。360度、全身のトータルバランスと、細かいディテールまでチェックしたいですね。

スカートのほつれがないか、シャツにシワがないか、靴のかかとはきれいか、後ろ姿もチェックを。鏡を通さないと気づきにくい部分まで確認してから出掛けましょう。

70 季節感を大切にした装いができる

季節に合った装いは、ファッショナブルである以上に、美しい四季や自然に対する感謝の想いが感じられ、思わず見とれてしまいます。とくに和装には、日本の美しい心を感じます。

さらに素敵なのは、その季節の盛りのときよりも少し早い時期に先取りできる粋な方。たとえば、9月に入ったら、白い色は極力さけて、真夏の装いから切り替えます。残暑が厳しければ、カーキ、ボルドー、からし色といった深みのある色を、気温に合った涼しい素材で取り入れ、秋という暦のファッションを楽しみます。

日本人は、昔からこのような季節の先取りを大切にしてきました。洋装でも和装でも、季節感を大切にできる方は、丁寧な暮らしを送っている印象です。

日本の美しい四季を尊く思い、愉しめる余裕こそが、育ちの良さなのでしょう。

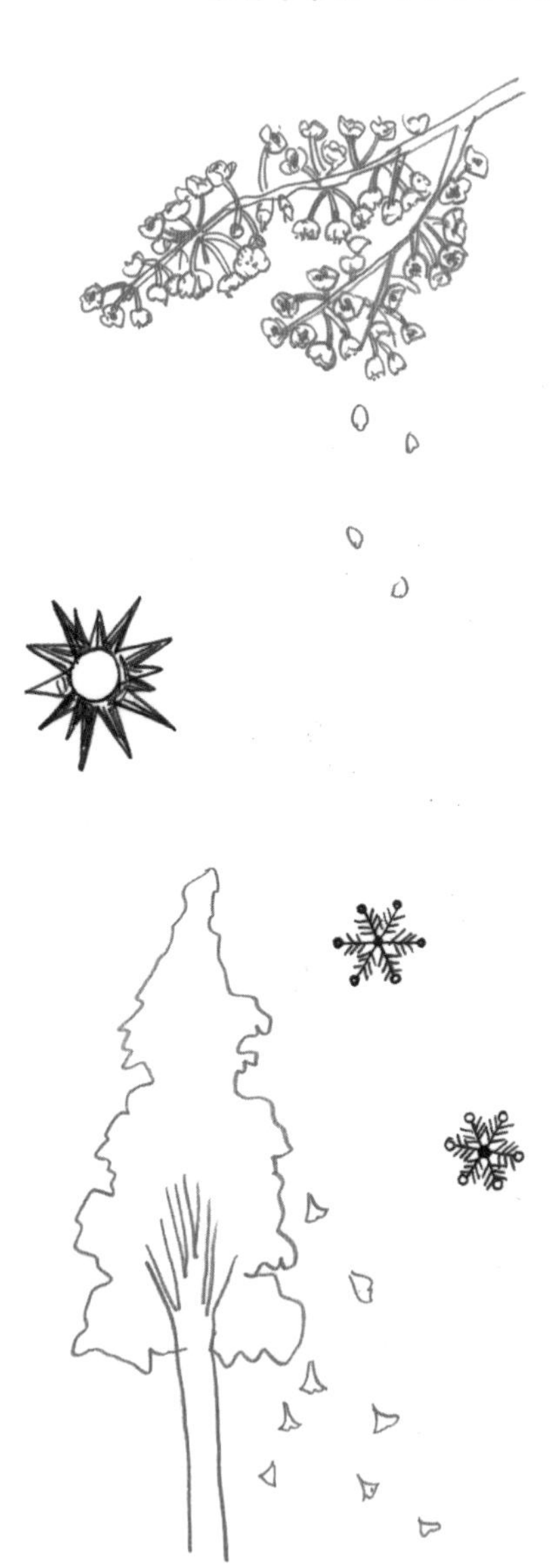

持ち物

71 小さなバッグを持ち歩く

レストランや結婚式など、フォーマルな場ではハンドバッグを持つことが女性のたしなみです。ヨーロッパの王室や日本の皇室の女性たちの装いを見ても、公式の場では常に小さなバッグをお持ちになっていることがわかります。

女性の手ぶらはあり得ません。また、仕事用の大きなバッグをレストランに持ち込むのもNG。その場の優雅な雰囲気をこわすのでさけたいですね。

「取引先の方と急に食事に行くことに!」「突然彼から素敵なフレンチに誘われた」ということがあるかもしれません。そういうときは、大きな荷物は必ずクロークに預け、店内にはハンドバッグで入りたいもの。

急なお誘いでもあわてないように、トートバッグの中に軽くて小さめなクラッチなどをあらかじめ用意しておくと安心です。

72 ビニール傘の普段使いはやめて！

ビニール傘を普段使いにしている女性は、日々を大切にしている育ちの良さを決して感じさせません。もちろん、急に雨に降られたときはその限りではありませんが、そんなときのために折りたたみ傘を携帯しておきたいですね。

また、傘の柄に巻かれたビニールやサイズの表示を取らないまま使っている方を本当によくお見かけします。これは、身の周りのものを整えるということをしない無頓着な方だと思われても仕方がないでしょう。

73 紙袋を何度も使わない！

格式あるレストランでの食事など、改まった装いのときには、小さめのハンドバッグがエレガントです。問題は小さなバッグに入りきらなかった物を何に入れるか？ということ。そんなとき、多くの女性がショップの紙袋を併用していらっしゃるようです。確かにブランドショップの物などおしゃれでセンスのよい袋は重宝しますね。ただし、装いに合ったきれいな状態の物になさって下さい。何度も使い回しているのでは？　と感じさせてしまうと、あなたの品が大きく下がってしまいますよ。

布製やビニール素材のサブバッグでも、もちろん結構です。

ただ、紺色の地味な物は、お子さんの学校やお稽古に付き添うスタイルに見えてしまうことも。大人のエレガンススタイルに合うサブバッグをぜひ探してみて下さい。

74 育ちがいい人の必需品は？

アイロンのきいた清潔感のあるハンカチとポケットティッシュは必ず持ち歩きたいですね。そのほか、お懐紙（かいし）やポチ袋を忍ばせておくと、いざというときに大人の対応ができます。

75 丁寧に生活していないと思われる方の持ち物

次のようなものは大人としての美意識が整っていない印象となりますね。

- レシートやあまりにも多いポイントカードで膨らんだお財布
- 必要なものがすぐ見つからないバッグ
- 「○○保険」「○○銀行」など、どこかの企業のノベルティグッズ
- ペンケース代わりに使っている封筒や輪ゴムなど

76 メガネは意外に汚れやすい

メガネやサングラスのレンズは指紋などですぐに汚れやすいもの。かけているときは気づかないことが多いのですが、周りの方はとても気になります。

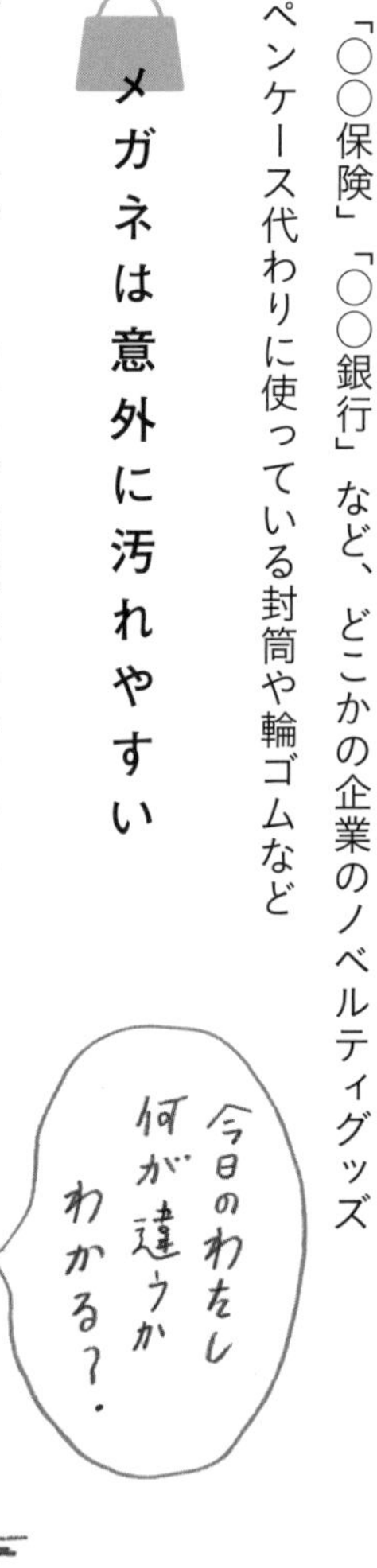

あなたの顔で、確実に目立つ部分です！

他人は指摘しづらいので、マメにチェックしておきましょう。

77 万年筆は素敵な大人の証し

目上の方へのお礼状、お詫びなど気遣いのお手紙には万年筆が必須です。

実は幼稚園、小学校のお受験の願書は、今でも手書きのため、必ず万年筆で書くことをおすすめしています。

相手の方への敬意はもちろん、あなた自身の丁寧な生き方が万年筆での文章には表れます。ぜひご自身の手にしっくり合った物を選んで下さい。

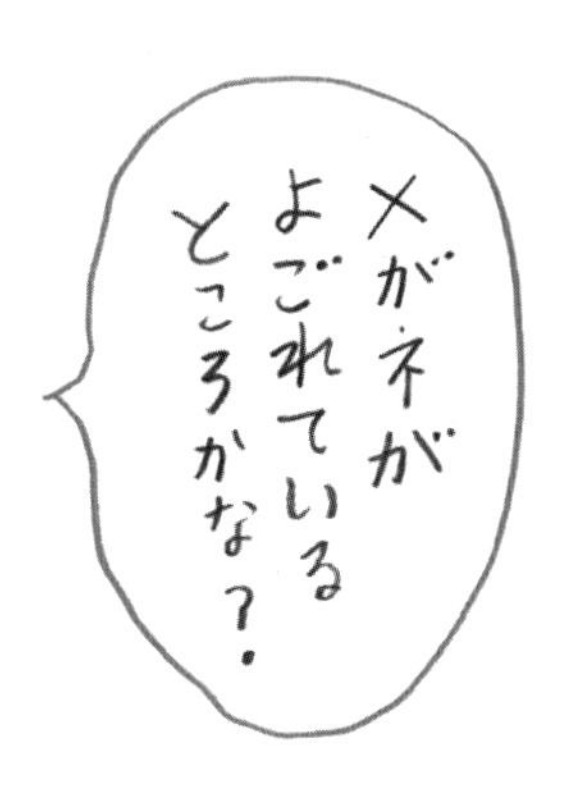

「育ちの良さ」を育む暮らし

- ✓ 衣食住を大切に過ごせる
- ■ 大人として当たり前のことを、日々積み重ねられる
- ■ 四季や旬を愉しむ心をもっている
- ■ いつ誰に会っても恥ずかしくない装い
- ■ 粋なお金の遣い方ができる
- ■ 本物の良さを知っている、また愉しんでいる

第4章

暮らし

四季に敏感で、
日々の暮らしを大切にする方は心が豊かです。
当たり前のことを、当たり前に、たんたんと。
その繰り返しが、清らかで、
美しい暮らしを形づくり、
「育ちの良さ」を育むのです。

暮らし

78 季節の行事を愉しむ

お受験のマナーを指導しているると実感するのですが、「きちんとされている」「育ちがいい」方たちは、例外なく季節感を大切に過ごされています。

お正月を始め、節分、お節句、七夕、お盆、お月見、大晦日などの行事はもちろん、家に設え（しつらえ）る生花であったり、装いであったり、旬をふんだんに取り入れたお料理であったり。常に四季の移り変わりを敏感に感じ取り、感謝やお祝いの心を表現している方には心の豊かさ、清さ、美しさを感じます。

一時、お月見の時期には、東京中のお花屋さんからススキがなくなる！　というニュースも流れたほど、お受験ではこの四季を大切に考えている難関幼稚園や名門小

学校が多くあります。金木犀（きんもくせい）や沈丁花（じんちょうげ）の香りで季節を感じられるお子さんの感性を育てたいですね。

79 暦に敏感になる

昔から四季を大切にしてきた日本人は、季節の移り変わりに敏感です。

たとえば「小春日和」。一見、春の言葉のようですが、晩秋から初冬の春のようにあたたかくておだやかに晴れた日のことをいいます。

ほかにも、無意識に「今日は啓蟄（けいちつ）。そろそろ春ですね」「大寒ですね、お寒いはずですね」など、立春、立夏、立秋、処暑（しょしょ）、立冬、小雪……と二十四節気をさりげなく意識できる方には、奥ゆかしくも日々の生活を大切に過ごされてきた女性のイメージがあります。

80 急な来客にも対応できる

「近くまできたので、ちょっと寄ってもいい？」と言われたとき、あなたは「どうぞどうぞいらして」とあわてずにお迎えできますか？

「ごめんなさい、ちょっと待って！」部屋の片付けをして、身支度をしてということになれば、30分～1時間くらいは必要かもしれません。

使ったものはその都度戻す、こまめに掃除をする、という暮らしの基本ができているかどうかにも育ちが表れます。

81 玄関を美しく

玄関は来客の方をまず最初にお迎えする場所。靴は出しっぱなしにせず、玄関は美しくしておきましょう。とっさのお客様でも決してあわてず気持ちよくお迎えできるよう、常に整えておく余裕こそが育ちの良さです。

82 花やグリーンなどの植物を愛でる

切り花でも鉢植えでも、部屋やベランダに植物があると心や生活が豊かになりますね。日々の生活のなかで、植物にふと目がいくゆとりのひと時を大切にしている方は、きっと素敵な人生を送っているはずです。

83 当たり前にゴミを分別する

「ま、いいか」という気持ちを持たず、当たり前にゴミを分別なさる方は、一事が万事、すべてに余裕と道徳心をもって生活なさっている方でしょう。

84 本物を普段使いにする

普段使いと来客用の食器やグラス、カトラリーを区別している方も多いのでは!?

私も「特別な物はお客様がいらしたときに」「割れたら大変」と、日常で使う物とは分けていた時期がありました。しかし、それで本当に大切にしていると言えるのか……素敵なお皿は飾るだけ、しまうだけではなく、使うことで価値も増し、心を豊かにしてくれると考えるようになりました。今では、お気に入りのお皿やカトラリーを、日々使用することにしています。すると、器や食べ物への感謝の気持ち、味覚の感性が高まり、より幸せにお食事をいただけるようになりました。

85 お料理をする

私自身、ビジネスランチや会食はもちろん、プライベートでも外食は少なくありません。毎日外食かお惣菜という、ご多忙な方もいらっしゃるでしょう。

ですが、時間があるときは、女性であっても男性であっても、自分のためにお料理をすることが、人として基本の暮らしを大切にすることではないかと思うのです。

86 ジャンクフードは極力食べない

常にスナック菓子をつまんでいる方、頻繁にファストフード店を利用している方には魅力を感じない方も多いのでは？　食材の質や素材の味、本物の味つけ、添加物の知識などをしっかり認識して、自身を大切に生活していきたいですね。

87 日本の伝統食をわかっている

幼稚園、小学校向けのお受験では、家庭での食育がとても重視されています。とくに四季折々の旬の食材や日本の伝統料理をいただくのは大切なことです。

たとえばお正月のおせち。一年の始まりにいただくおせちは神様と共にありがたく頂戴する、という意味をもつ大切なお料理。ひとつひとつにおめでたい意味やいわれがあります。

私も、昆布巻きや伊達巻き、黒豆、栗きんとんなど、ほぼすべてのおせちを手づくりしておりました。お料理に込められた意味を理解して、ありがたく、美味しくいただきたいものです。

- 黒豆／まめまめしく。勤勉で健康に
- 数の子／子孫繁栄
- 田作り／五穀豊穣
- たたきごぼう／家庭円満、繁栄
- かまぼこ／魔除けと清浄
- 伊達巻き／知識が増えるように
- 栗きんとん／金運
- 紅白なます／平安、平和
- 昆布巻き／よろこぶに通じる。子孫繁栄
- 筑前煮／レンコンは先を見通せるように、里芋は子孫繁栄など

お金のこと

88 お金は包んでお渡しする

幹事さんに会費を支払う際や、お借りしたお金を返す際など、「封筒やポチ袋に入れる」という習慣がない方は大人の女性として反省すべきかもしれません。旅館の「心づけ」も然り。現金をそのままお渡しするのでは、感謝や丁寧さ、敬意を伝えられません。

とっさのことで袋を用意できないときは、「むき出しで申し訳ありません」のひと言を添えましょう。そのひと言があるかないかで、あなたの印象は大きく変わりますよ。

89 常に新札を準備しておく

会費やお借りした現金などを渡すときに、シワだらけのお札しかなくて恥ずかしい思いをしたことはありませんか？　目上の方へお渡しする際やお祝い事でしたら、とても失礼にあたります。

いつ入り用になるかわからないことを念頭に、常に新札を用意しておきましょう。最低でも一万円札と千円札5枚ほど、五千円札も1～2枚はストックしておきたいもの。お財布の中にも何枚か入っていると安心ですね。必要になってからあわてて銀行やコンビニに走っても、必ず新札が手に入るかわかりません。あらかじめ準備しておける心遣いと余裕が、育ちなのです。

週末で銀行がお休みなど、どうしても用意ができないというときは、アイロンでシワをのばすという手も。気持ちは察していただけるでしょう。その際「新札のご用意もできなくて」というひと言も添えて。

90 借りたお金は少額であってもすぐにお返しする

たとえ少額であったとしても、お借りしたお金はできる限り早くお返しするのが大人のルール。お金にルーズな方は、誠実さを疑われ、信用を失いかねません。

91 何十何円に執着しない

ご友人とのお食事の金額を人数で割る場合、あまりに細かい額にまでこだわるのは大人としてスマートさに欠けます。お借りしたお金を返す際とは異なり、割り勘時の金額に関しては、ある程度大らかに考えられるとよいですね。

92 ポイントにこだわりすぎると心が貧しく見える

無駄な物を購入しないなど、倹約、節約は大切なことです。ただし、本人の中だけなら構いませんが、「あちらのお店だとポイントがつくから」「ここだと貯めたポイントで支払えるから」など、他人を巻き込んでの言動は品格を損なってしまいます。

また、ポイントやほんの少額の差に振り回され、かえって余分に時間や手間をかけてしまっては、心豊かな過ごし方とは言えないかもしれません。可能な範囲で本当に必要なもの、気に入ったもの、召し上がりたいものを手に入れるのが、大人の品格ではないでしょうか。

93 ごちそうしてもらうことに慣れすぎない

目上の方や男性にごちそうしていただくこともあるでしょう。それが何度か続いた場合、「当たり前」という思いや態度になってはいませんか？　明らかに目上でリッチな方であっても、お礼の気持ちとしてスモールギフトを差し上げたり（目上の方へ同額のお返しもまた失礼にあたります）、「いつも支払っていただいてばかりで……今度は私にランチをごちそうさせて下さい」「2軒目は私が」など、できる範囲のお返しと感謝の気持ちを伝えましょう。

94 ごちそうするときもスマートに

ごちそうする側もされる側も、金額に気を使うのが当たり前。ごちそうする際は先に「私はこれにするわ」と低めの金額のものを選んでしまうと、ごちそうされる方はそれより高額なものは選びにくくなるものです。「こちらはいかが？」などちょっとお高めのものをおすすめしたり、「私はこれにしようかしら」と先に少し高めのものを選んでみたりすれば、相手の方も楽になるでしょう。

逆にごちそうしていただく際に、相手の方よりはるかに高いものを頼んだりするのも、考えもの。お気持ちに甘えて好きなものを頼んでも構いませんが、お相手の方と同じくらいの金額のものから選ぶのが礼儀です。また、お礼を兼ねたちょっとしたお返しをするなど、感謝の心遣いも大切です。

お付き合い基本の心得

- ✓ 不快にさせない心配りをする
- ■ 相手に恥をかかせない
- ■ プライベートを詮索しない
- ■ うわさ話や悪口とは距離を置く
- ■ 失礼な相手には毅然とした対応ができる
- ■ 目の前にいる方を大切にできる

第5章

人間関係

言いにくいことをお伝えしなくてはいけないときや、
相手の名前を思い出せないとき。
どの席に座ったらいいのかわからないとき……。
お付き合いでは、
難しい場面にしばしば出合います。
そんなとき、心に軸をもっている人は、
迷わずすんなり切り抜けることが
できるものです。

会話

95 初対面の会話はインタビューにならないように

親しい仲ではない方との会話で、インタビューになってしまう方がいらっしゃいます。既婚未婚やお子さんの有無など相手の方のご家族の話や、ご主人の会社名や役職、収入など、個人情報については具体的な質問はさけて、相手との距離感をはかる必要があります。

「どちらの方面からいらっしゃいましたか」「お近くでいらっしゃいますか?」など、遠回しにお聞きしましょう。「私は○○の方面から参りましたが」と、まずは自分の情報を相手に提供すると、相手も話しやすくなります。

96 初対面の方との距離に気をつける

人との距離が近すぎる方も気になります。初対面の場合はとくに居心地が悪く不快感を与えてしまいかねません。適度な距離感は、手を伸ばした距離くらいと覚えておくとわかりやすいですね。

とくに初対面の方、親しくない方とのパーソナルスペースには敏感になりましょう。

97 親しくない方との会話でNGの話題

- ご家族の有無
- 本人やご家族の会社名、役職、収入、学校名
- 年齢
- お住まいの具体的な場所
- 政治、宗教の話題

98 相手の詮索を上品にかわす方法

逆に、もし相手に踏み込まれたらどう対処しましょう。たとえば、「ご主人はどちらの会社？」と聞かれた場合など。

そんなときは、「それはちょっと……」と、困惑したりごまかしたりするのではなく、「会社名は申し上げられないけれど、金融関係なのよ」と毅然と伝えたほうが、「自分をきちんともっている方」、「あら、私失礼なことを聞いてしまったわ」と、相手に思わせる効果があります。

ここから先はお答えできませんというラインをきっちり引くことができるのが、大人の女性です。ただし、言葉遣いはソフトに。

99 一瞬で席次の判断ができる

目上の方や上司、先輩、クライアントなど上下関係を常に意識し、部屋やお店の席次、エレベーターや車、電車などの乗り物の上座下座を瞬時に判断できる方は、軸がしっかりしているのでどのような場面でもとっさに的確な誘導ができます。たとえば、左のように乗用車とタクシーでは席次は異なり、乗用車の場合は助手席が上座となります。今一度、確認しておきましょう。

タクシー

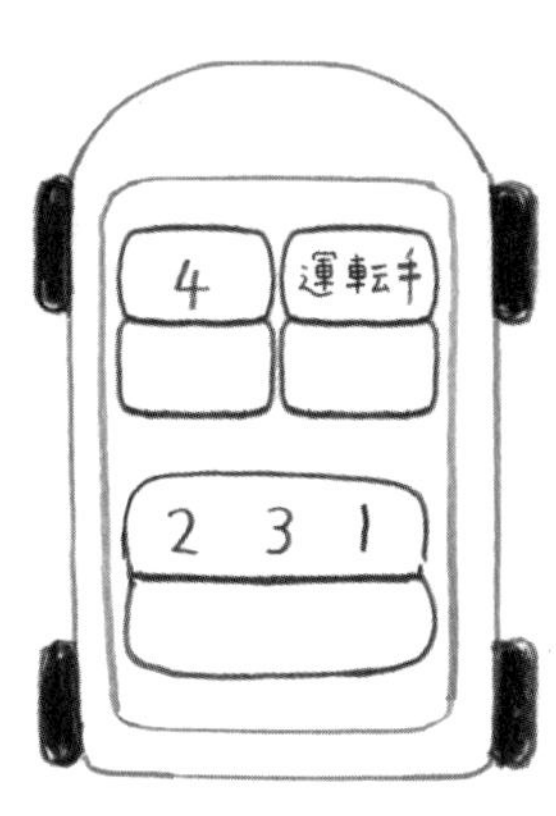

乗用車

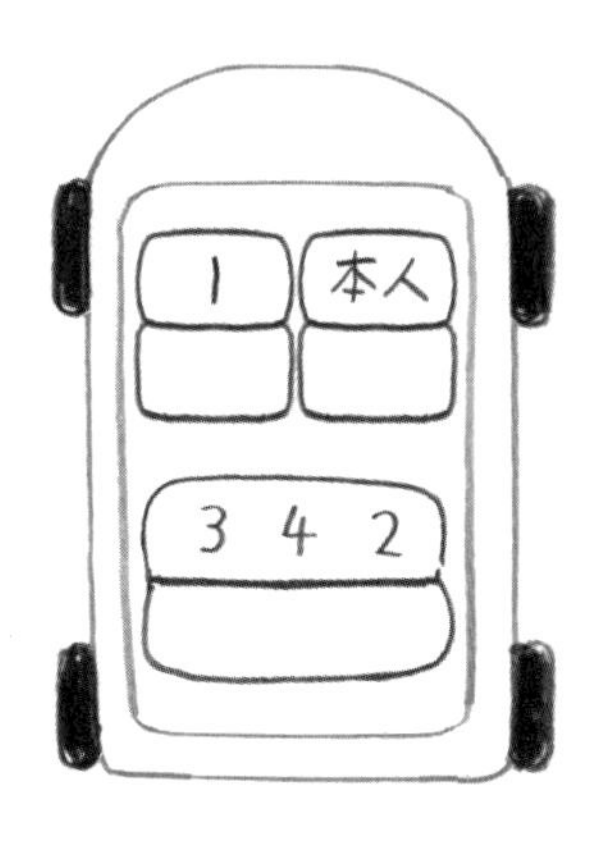

100 相手を見る際の注意

お会いした瞬間に、上から下まで見る方がいらっしゃいます。装いが素敵だから全身をご覧になっているのかもしれませんが、見られた側にしてみれば、値踏みされているようで不快に感じます。

バッグや服装が素敵で気になったのだとしても、しばらくは我慢し、時間を置いてからさりげなくご覧になることです。ましてや「そのバッグどこの？　おいくらだった？」などと聞くのはもってのほか。相手との距離感にもよりますが、質問の仕方ひとつで、ご自身の品格が左右されるということを知っておきたいですね。

101 うわさ話、悪口にのらない

クレバーな女性は、うわさ話や悪口の場面に居合わせたら、肯定も否定もしません。自分の意見は言わずに、話をそらす術をもっているものです。

「そうだったの」と事実として聞いても、同調はせずに、「そういえば」と、話題をそらすことができます。

そしてなかなかその話題が収まらない場合は、「用事を思い出したので」と、その場を離れるのが品のあるふるまいでしょう。うわさ好きな方たちは、深いお付き合いにはふさわしくないと適切な判断ができるのです。

102 誰でも平等に接する人は育ちがいい？

「人によって態度を変えない人」……ほめ言葉に使われることも多いですね。

ですが、友人、家族、ビジネス、目上の方など、相手により区別し、ふるまいや言葉遣い、ときにはキャラクターを変えることも大切です。

自然体は大きな魅力でもありますが、常に正しいとは限らないのです。

103 家族の自慢は品がない

「うちの父の会社がね……」「兄は○○博士で……」。ご家族の自慢話は、聞いていてあまり気持ちのよいものではありません。

「家柄」と「育ち」は全く異なるもの。

自分を高く評価してもらいたいなら、まず、ご自身を磨くことが先決です。

104 人を待たせない

マナー以前の基本です。時間にルーズな方は、すべてがだらしなく見えてしまいます。ビジネスでは時間ジャストでは遅刻と同じ。5分前行動が日本における通常のマナーとなります。

もし遅れそうなら、約束の時間より前に連絡を入れるのが原則。時間がすぎてから、「ごめんなさい。遅刻します」では遅すぎます。

間に合わない可能性があるときには、「もしかしたら遅れるかもしれません」と伝えておけば、相手の方もその時間を無駄にせず、「じゃあお茶をしていましょうか」「寄りたいお店が1軒あったんだわ」と有意義に過ごしていただけるかもしれません。

105 相手をお待たせするときは情報を伝える

やむを得ずお待たせしてしまう際は、「5分程遅れます」や「10分後には戻ってきます」など、時間の目安を伝えると、相手に余計なストレスを与えません。

お電話で「少々お待ち下さい」と言ったきり、そのまま何分も待たされて不安になった経験はありませんか？

本来なら、「お待たせしており申し訳ございません。あと1分程お時間をいただきたいのですがよろしいでしょうか？」や、「いったん切らせていただき、折り返しお返事させていただいてもよろしいですか？」と、情報を伝えるべきですね。

目安の時間を伝えてくれる方は、相手への配慮や誠実さがわかります。

106 時計をチラチラ見ない

時間が気になるからと、会話の最中にチラッと時計を見る行為は、思いのほか気になるもの。相手に気づかれないようにしているつもりでも、意外と目につくものです。それならいっそ、「今何時かしら。あ、まだ大丈夫だわ」とひと言おっしゃってから見る方が好感が持てます。こういった小さな気遣いができるのが、育ちのいい方です。

107 目の前にいる方を大切にできる

ご一緒している方が携帯ばかり見ている……昨今こんなシーンは少なくありませんね。目の前にいる方との時間や話を愉しむのが社交のマナー。ですが、やむを得ない事情があることも。急ぎのメールや電話が入ってくる予定があるなら、「もしかしたら電話があるかもしれませんので」と先に伝えておきましょう。

そして、「ちょっとメールを見てもいいかしら。急ぎかもしれないので」「一件、返信してもよろしいですか?」とお声がけをすれば、相手の方も好意的に受け取ってくれるはずです。

不快な思いや、お待たせしてしまう可能性がある際は早めに伝えておくことです。

108 「何でもいい」は間違った気遣い

「何をしたい?」「何を食べたい?」と質問されたときに「何でもいい」と答えるのは魅力的な女性とは言えません。

自分より相手の好みを優先したい、本当に何でもいい、といった思いがあったとしても相手に伝わりにくく、残念ながら、自分の意見を持たない魅力のない人、優柔不断、興味がないのだな、楽しくないのだな、と取られてしまうかもしれません。

大人の女性でしたら、「○○で△△展をやっているようだけど、ご興味ある?」「今日はお暑いのでエスニックはいかが?」など、断言ではなく意見を伝えられるように。

その際、ひとつではなく2つか3つ案を出し、相手にも選んでいただく余地を残してさしあげると、さらに心遣いも伝わり、関係性もアップするでしょう。

109 自分がクッションになれる方

少々言いにくいことをストレートにではなく、柔らかく、しかしきちんと意図が伝わるように話せる方は一目置かれますし、余裕と自信、育ちの良さを感じさせます。

他の方がおっしゃった言葉を人に伝えるときも然り。「○○さんが迷惑がっていた」などとストレートに伝えるのではなく、「△△のほうがありがたいようなことを○○さんがおっしゃっていたわよ」と、自分がクッションになれる方は、さすが、と感じます。

110 人をほめるとき、指摘、反論するとき

ほめるときは人前で、逆に、誤りを指摘したり、反論したり、注意や叱るときは他の方の目や耳に入らない配慮ができるというのも、心遣いと思いやり。

その方の美学や生き方が感じられます。

111 謝罪は言い訳せずにストレートに

謝罪をする際は、まずは素直に「申し訳ございませんでした」とストレートにお詫びをします。相手の気持ちに配慮し「この度は不快な思いをさせてしまい、申し訳ございません」という言葉も添えましょう。

まずは言い訳はしないことが大前提。何か理由があったとしても、相手を不快な気持ちにさせてしまった事実に変わりはないからです。

たとえば遅刻をしたとき、人身事故や車両故障が原因でも、理由は後ほど、もしくはたずねられたらお答えする心づもりで。

112 品のよいお断りの仕方

相手のお誘いをお断りするときこそ、その方の品性が表れるもの。

「断るのは苦手……」「せっかく誘ってくれたのに悪いから、とりあえずイエスと返事をしてしまった」など、曖昧にしてしまうことはありませんか?

お断りは「お礼+残念ですが+理由+おわび」のセットで伝えるのが絶妙です。

お礼とおわびはマスト。「その日はもしかしたら用事が……」などはっきりしないと、相手の方も予定が立ちません。

「まぁお誘い下さってうれしいわ。ありがとうございます。とっても残念ですが、PTAの会合が入っているの。せっかくお声がけ下さったのに申し訳ありません。ぜひまた誘って下さいね」と丁寧に伝えられれば、お互い気持ちよい関係を保てますね。

113 相手に恥をかかせない

和食店で靴を脱いだ際、ご一緒した方のストッキングが伝線していたり、穴があいていた場合、どのような対応をなさいますか？「あ、穴があいてるわよ」とだけ伝える、逆に気を使って気づかないふりをするという方も多いのではないでしょうか。ただ、気づいた本人が「見られていたのでは……」とかえって恥ずかしい気持ちになることも。相手の繊細な気持ちを察することにも、育ちが表れます。

「あら、あいちゃったわねぇ……どうしましょう」と一緒に困ったり、「コンビニで買わない？」と一緒に考えたり、また、ご自身の同じような経験話をなさったり……、相手の気持ちが楽になるような声かけができるとよろしいですね。

114 紹介していただいたら、経過報告するのがマナー

ビジネスでも、プライベートでも何かを紹介してもらったら、その後、結果が出ても出なくても、紹介してくれた方に報告、お礼をするのが最低限のマナーとなります。「先日は○○さんをご紹介いただきありがとうございました。おかげさまで、次のお仕事につながりました」「ご紹介下さった○○様とは来週お会いする予定です」「この間はよいお店を教えていただきありがとうございました。先日伺い、素敵な品を購入できました」など、当たり前のことができていますか？

115 「おかげさまで」が言えないのは自信のない証拠？

有力な方をご紹介いただいた、素敵なパーティにお招きいただいたというときに、「○○さんのご紹介で」「○○さんにご招待いただいて」「○○さんのおかげで」を故意に省いてしまう方や、さもご自身の元々の人脈とばかりにSNSなどに投稿する方

がいらっしゃいます。

自分に自信がない故に、なんとか高めて見せたいという願望が感じられ、品性が欠けているように思われても仕方ありません。

こんなとき、どうする!?

116 相手の名前が思い出せないとき

誰でも、相手のお顔やお名前を覚えておらず困った経験があるかと思います。そんなとき言葉を誤ると、相手を不快にさせたりガッカリさせたりすることに。

「まったく覚えがなくて……」というのは、相手に恥をかかせることになります。

「お顔ははっきり覚えているのですが、お名前が出てこなくて……」など、すべてを忘れてはいない旨を伝えてみては？

自分のことは大切に考えられていない、といった落胆の思いを与えずに済むはずです。

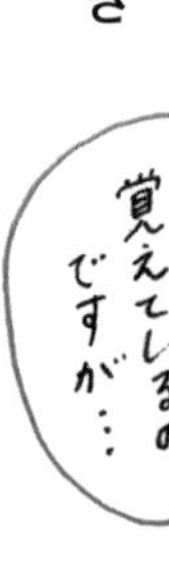

117 相手が、自分の名前を忘れているとき

逆に相手がこちらを思い出せないときもあります。だからといって、そのことで相手に恥をかかせないようにしましょう。

もし相手の方が戸惑われている様子を察したらこちらから、「9月頃、○○でお世話になりました、○○です。その節はありがとうございました」というフレーズをなるべくゆっくりとお伝えします。

お会いした時期や場所、シチュエーションなどをお伝えするのがポイントです。

118 親しくない方と、一緒にいなければならなくなったら？

あまり親しくない方と帰り道が一緒になってしまって、気まずい思いをしたことはありませんか？　ずっと黙ったままでも失礼ですし、かといって共通の話題も思い当たりません。そんなとき、ただただ我慢して双方ストレスを感じるより、相手に不快

な思いをさせずに上手く切り抜けられるのも、的確な判断と行動ができる賢い女性。

たとえば、ビジネス上で顔見知り程度の方との駅までの道のりや、ＰＴＡの集まりが終わって学校を出るとき。「すみません、メールの返事を送らなければならないので」「子どもを預けていた母に電話をかけるので」と、その場で「お先にどうぞ」と別れたほうがよほどお互いに楽になるのではないでしょうか。

119 歩く速さをずらす

道やビル内の廊下を歩いている際、後ろから来た方が追い抜きもせず、ずっとこちらと同じスピードで、すぐ後ろや隣を歩いていらっしゃると、やはり違和感があります。相手の方は不快じゃないのかしら？　と不思議に思うことも。

女性が夜道を歩いているときなど、とくに男性は歩くスピードに配慮すべきでしょう。前や隣を歩く方と歩調をずらすのも、気遣いのひとつです。

120 エレベーターを降りてからの配慮

マンションなどのエレベーターを同じ階で降りた方と、部屋の前までずっと一緒という際も、気をつけたいもの。同じ速度で歩いていると気まずく、また、部屋がわかってしまう不安もあるでしょう。こんなときは、速めに歩いて追い越すか、少々ゆっくり歩き、相手との距離を取るのが配慮あるスマートなふるまいです。

121 「お好きな席へどうぞ」と言われたら？

あるカフェでの出来事です。その日は広い店内が空いており、私は友人とほぼ貸し切り状態でゆったりとお茶とおしゃべりを楽しんでおりました。そこへ、「お好きなお席へどうぞ」と次にお見えになった男女のお客様を案内するスタッフの方の声。当然？　もちろん？　私たちから離れたお席を選ぶことを疑いもしませんでしたが、「ここにしようか」と選ばれたのが、私たちのすぐお隣のテーブル！　とくに景色やソファの仕様がよろしいわけでもなく、どちらに座られても変わりのない広い店内で「え？ こちらですか!?」と、その距離感のないお二人に驚いてしまいました。

バスや電車の場合も同じです。多くの空席があるにもかかわらず、隣の席に座られると、とても違和感がありませんか？　一方、車内が空いてきたら、席をずれるなどの配慮をなさる方もいらっしゃいます。

些細なことですが、こういった距離感や感覚に敏感になることは非常に大切です。

122 あまり親しくない方とお店で一緒になったら

顔見知りだけどあまり親しくない、または、話したくないという相手と、ランチのお店やカフェで一緒になってしまった際も、少々気まずいもの。大人としてきちんと会釈などのあいさつは交わし、お互いが目に入りにくいお席を選ぶのも気遣いのひとつ。相手の心地よさを常に考えられることが育ちの良さです。

123 初対面の親の前で、彼をなんと呼ぶ？

お付き合いしている彼のお宅に初めてお伺いしたとき、相手のお母さまの前で、彼のことをなんと呼ぶべきか迷いませんか。好感度が高いのは、「○○さん」などのさん付け。とくに初対面のときは、相手の家族の前で○○君や○○ちゃん、またあだ名で呼ぶのは不適切。育ちを疑われてしまいます。

124 彼ママのことはなんと呼ぶ?

私のいちばんのおすすめは、「○○さんのお母さま」。

たとえば、「○○さんのお母さまは、栗がお好きと伺ったので」「○○さんのお父さまは、ご出張も多いのですか?」のように、彼の名前を先につけた呼び方。ちょっと長い言い回しですが、初対面の際には適しています。

その後は「お母さま」「お父さま」でもよろしいでしょう。場をわきまえた呼び方は、あなたの品性や育ちの良さを表します。

125 お金を返してほしいとき、どう切り出す?

お貸ししたお金の催促はどうしても気の引けるもの。それが少額であればなおさら言い出しにくいでしょう。そういうときは、「うっかりしていたけれど……」「そういえば!」など、たった今、思い出したかのように軽く切り出してみては?

ストレートに伝えるのに躊躇があるなら、「以前、お金をお貸ししたのは○○さん（相手）でしたかしら？」「○○さんにお貸ししたのっておいくらだったかしら？」など、相手に詳細を思い出してもらうように質問して促してみましょう。

今後も気持ちよくお付き合いしたい方なら、なおさらきちんと精算してすっきりしたいもの。この切り出し方は、ＤＶＤや本などをお貸しした際にも使えますね。

126 相手の善意を断るときは、お礼をプラスして切り抜ける

相手が善意でしてくれていることが、こちらとしては不要なときもありますね。

そのようなシチュエーションでは、まず相手のお心遣いに対して、「ありがとうございます」とお礼を伝えます。そして、「せっかくですが、結構です」のように相手の好意をきっぱり断るのではなく、「ご心配いただきましたが、私のほうでもできるようになりましたので」「○○さんが得意なようでお任せできることとなりました」など、自分や他の人が対応できるようになったというニュアンスでお伝えすると、相手を不快にさせずにお断りできます。

column

お付き合いしている男性がうんざりするふるまい

◎ 音を立ててスープやお味噌汁を飲んでいませんか？

お食事のときに音を立てるのはタブー。しかし自分では気づいていない方も多く、テーブルマナー講座でご指摘すると、「初めて気づきました」とおっしゃる方も！　食事の際のマナー違反や、相手の方の気になるくせが原因でお別れしたという話もよくお聞きします。

私のスクールでは「彼の食べ方が気になるのでテーブルマナー・レッスンを受けさせたい」「親と顔合わせする前に、彼女にご指導をお願いしたい」と、お相手の方からテーブルマナー・レッスンのお申し込みをいただくことが少なくありません。

それほど、食べるという行為には育ちが表われてしまい、男女のお付き合いを左右するものなのです。一緒に暮らすとなればなおのこと。毎日テーブルを共にする相手に、品を求めるのは当然ですね。

◎ 言葉遣いが美しくない

「じゃん」「だよ」など、日常的に乱暴な表現や下品な言葉遣いをしていると、「両親や友達に紹介できない」と思われてしまい婚活が成就しないことも。親しき仲にも……と、日々の言葉選びには注意を払いましょう。

◎ がさつな人

「雑」「大雑把」「粗野」「荒っぽい」「粗雑」な女性。結婚を前提にお付き合いするとなるとためらってしまいますね。

「ながら動作」「姿勢や脚がだらしない」「周囲に気遣いができない」など、がさつで品のないふるまいは結婚相手として敬遠されがちです。

◎ お礼が言えない

親切にしていただいたり、ごちそうされたり、いただき物をしたりしたときは、その場で、そして、その後に2回程はお礼をお伝えできるとよいでしょう。翌日改めてメールやお電話で、そして次回会ったときにも忘れずお礼を伝えましょう。

お手伝いした側、お品などを差し上げた側のほうが、意外と覚えているもの。交際、社交ではお礼を告げることはとても重要になります。「先日はごちそうさまでした」「この間はありがとうございました」など、しっかり伝えられるよう常に気遣いをしたいものです。

◎ 金銭感覚が異なる人

金銭面に細かすぎる、損得の話ばかりする、逆にお金にルーズでだらしない、など金銭にまつわる価値観に疑問を感じる方との人間関係は不満が重なり長続きしないもの。ご自身がどちらかに傾きすぎていないかと振り返ってみることも必要ですね。

◎ 頻繁にクレームや文句を言う

ちょっとしたことなら、人や物事を許せるというのも、育ちの良さや余裕から生まれるもの。お客様の立場になると横柄な態度に変わる方もいますが、これでは品性を疑われます。

そんなとき、クレームをジョークに替えてその場をなごませられるような方は、
ずっと一緒にいたい素敵な方と思っていただけますね。

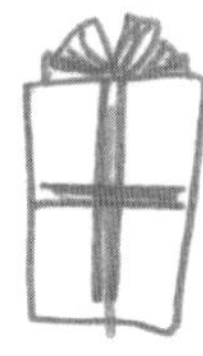

心が伝わるふるまい

- ✓ マナーやルールの基本を知っている
- ■ それらを理解した上で、アレンジができる
- ■ 気持ちが伝わる心配り
- ■ 常に相手の立場にたったふるまい
- ■ 出すぎず控えすぎず、絶妙な位置を保てる
- ■ お礼やお返しは絶対に忘れない

第 6 章

贈り物・お招き

贈り物や訪問のふるまいには
外せないマナーがあります。
そんなときは、基本のルールやマナーを知った上で、
お相手やシーンに合わせて上手にアレンジしましょう。
その方やご家族の状況に思いを馳せれば、
きっとベストなふるまいがわかるはずです。

手土産

127 手土産の渡し方

お祝い、お中元、お歳暮をお渡しするとき、目上の方のお宅に伺ったときなどの正式な場では、マナーに則ってふるまいたいですね。

手土産をお渡しするときは、紙袋ごとではなく、お品を袋から出してお渡しするのが正式なマナーです。ただ状況にもよります。お渡しする場所がお店や廊下、外であったり、近くに従業員がいるビジネスシーン、また、相手がお急ぎの場合は、紙袋ごとお渡しするほうが適しています。

まずは、基本のマナーを知っている上で、その場に合わせたふるまいにシフトできることが、育ちが良いと感じさせる条件ではないでしょうか。

128 手土産を選ぶときに気をつけたいこと

- 1人暮らしの方には、量や賞味期限を考慮する
- 年配の方なら、かたいものはさける
- お子さんのいるお宅には、子どもも一緒に食べられるもの
- 訪問先の近所で買うのはさける
- 相手の嗜好、好みをリサーチしておく
- 季節限定や個数限定のお菓子などは、相手の方へ特別感を表せる

129 手土産は何個が正解？

和菓子は奇数がよいといわれますが、最近ではあまり気になさらない方が増えています。お見舞いなどでなければ、4つや9つがNGということでもありませんから、人数分きっちり持って行かれてもいいですし、「あとはご主人様とどうぞ」など、少

し多めに差し上げるのも気が利いています。

贈る相手が目上の方なのか、慣習に厳しい方なのか……差し上げる相手やシチュエーションによって、ふさわしいチョイスができること、それが育ちの良さなのでしょう。

130 手作りのものは要注意

以前は手作りのお菓子などの手土産は、真心や愛情が感じられ喜ばれましたが、昨今では逆に迷惑に思う方も少なくありません。衛生上の疑問やアレルギーなどの問題も増えてきたのでしょう。親族以外の方への手作りは考慮なさってからのほうが賢明です。こういった時代の流れや、相手によって異なる思いを敏感に察する感覚を養っていらっしゃいますか？

131 ビジネスでの手土産で気をつけること

- 冷蔵・冷凍するようなものはさける
- ナイフで切り分けるようなものはさける
- 個人宛てか、部署のみなさま宛てなのかで判断して選ぶ
- 複数の方にお配りいただくなら、個包装のものにする

132 大切なあなたのために一生懸命用意したという気持ちを伝える

ついでに買ってきたというよりも、わざわざ用意したということが伝わると、受け取った方も、自分が大切に思われていることをうれしく感じて下さるでしょう。

たとえば、訪問先の最寄り駅で手土産を買うと、とっさの間に合わせの印象ですが、そのお店でしか手に入らないもの、行列に並ばなければ買えないもの、入手困難なものなどは「わざわざ感」がさらにアップします。

133 自分が気に入っているものを

手土産って本当にいつも悩んでしまいますね。たとえば、自分も食べたことのあるもので気に入っているもの、ぜひ食べていただきたいものを差し上げるというのもいいでしょう。

ただし、ある程度は、相手の好き嫌いをリサーチしておくことも大切です。健康上、食べられないものもあるかもしれませんし、アルコールが苦手な方にブランデー入りのお菓子を差し上げてもせっかくの手土産が無駄になってしまいます。お子さんがいるご家庭なら、子ども向けのおやつなどをお土産にするのも気が利いています。その際は、好みやアレルギーの有無がわかると安心ですね。

訪問先の家族構成なども考えて手土産を選べる方は、センスと育ちの良さを感じさせます。考えられる範囲でよいのです。心を込めて真剣に選びましょう。

134 子どもだけの集まりには、スモールプレゼントを持たせる

子どもだけで近所のお宅へ伺うときであっても、子どもにちょっとした手土産を持たせるママは、親子とも育ちの良さを感じさせてくれます。

さらに、子ども用のおやつだけではなく、相手のママへのスモールプレゼントがあると「さすが！」と思わせます。クッキーなどちょっとしたもので構いません。

贈り物

135 不要なものをまわすのは相手をがっかりさせる

いただき物が残念ながら不要だった際に、人に差し上げるのは悪いことではありません。ただし、喜んでいただけるものに限ります。「いらないから」というだけの理由や、「捨てるには忍びないから……」と罪悪感をごまかす目的であったら、それは大変失礼なことです。

贈り物は「相手がもらってうれしいもの」「ぜひ使っていただきたいもの」を差し上げるのが鉄則。あきらかにその方に合わないものをまわすことは、配慮のなさが伝わりがっかりさせてしまいますし、品のない行いとなります。

136 押さえておきたい贈り物のNGマナー

●目上の方に靴や靴下

「踏みつける」を連想させるため。同様に「勤勉に」という意味のある文具などもさけましょう。

●引越し・新築祝いに赤いもの、火にまつわるもの

火事を連想させるので、アロマキャンドルなどおしゃれなものでもさけます。ただし、ご本人の希望や、「本来は失礼なのですが……」とひと言添えた上でホットプレートなどを贈ることはその限りではありません。

一般常識やマナーをわきまえ、なおかつ、相手の心情や状況を判断し、適切な言葉を添えてお渡しできる方こそが育ちがいい方です。

137 プレゼントの包みの開け方は、欧米式より日本式で

欧米風にプレゼントの包みはビリビリに破り、「うれしい！」「待ちきれない」という喜びを表現することもひとつ。ですが日本にいるなら、日本の流儀で。美しい包装や、凝った飾りなどもありますから、丁寧に開けてこそ相手に敬意を表せますし、それを好む方が多いのも事実です。

138 当たり前のお礼ができている？

お品やご尽力をいただいた際、その後も忘れずにお礼をお伝えできていますか？その日中か遅くとも翌日には、お礼状、電話、メールのいずれかは必ず行いたいもの。さらに、次回お目にかかった際にも感謝の言葉を忘れずに告げられるのが、育ちの良さです。

139 集まってくれたお礼のスモールギフト

誕生日やお祝いなど、自分のために集まってくれたときなどに、みなさんにちょっとしたお礼の手土産を用意なさる方は、心遣いや丁寧に生活していることを感じさせます。

140 ちょっとしたものでもお返しはきちんと

お子さんがいるご家庭では、親戚、友人、知人、ママ友などから、「お子さんにどうぞ」と、ちょっとした食べ物や衣類などをいただく機会も多いでしょう。高価なものでないと忘れがちですし、たびたびいただくと毎回お返しするのが面倒に感じるかもしれません。

ただ、気をつけたいのは、いただいた側はうっかり忘れていても、あげた側はしっかり覚えているということ。相手と今後もよい関係を続けていきたいなら、何回分かをまとめてお返しするのでもよいので、感謝の気持ちを示しましょう。

もちろん品物でお返しするだけではなく、お手伝いをするなど、相手が助かったり喜んだりして下さることをして差し上げても。

141 お返しは早すぎず、遅すぎず

お祝いなどのお返しは、「いただいてから1カ月以内」が目安。遅すぎるのは論外ですが、あまり早すぎるのも「あらかじめ用意していた」、「丁寧に選んでいない」といった印象を与えてしまいます。ただし、お礼だけは、受け取った翌日までにはお伝えしましょう。

お返しの金額は「半返し」が一般的です。友人同士のお付き合いでちょっとしたお品をいただいたときは、次にお会いしたときにお返ししてもOK。ただ、このままだと年を越してしまう、半年先になってしまうというときには、こちらからお会いするきっかけをつくって、お渡しするか、お送りするようにしましょう。

142 お返しはどこまで続く？

お返しをしたら、またいただいて……と、やりとりが続いてしまいそうなときがあります。いただいてお返しした時点でいったん終わるのがわかりやすいのですが、なかなかそうもいかないのがお付き合い。こちらからのお返しの回数をちょっと減らしてみるなど、相手の様子をうかがいながら上手にお付き合いしていきましょう。

143 訪問時間の常識

訪問する時間帯は、食事どきをさけるのがマナーです。午前なら10～11時ごろ、午後なら2～4時ごろがちょうどよい時間でしょう。

ビジネスでは5分前行動がよいとされ、時間どおりはすでに遅刻などといわれますが、通常のお宅訪問は、予定時間より前に到着すると相手をあわてさせます。指定の時間より5分くらい遅れるのが相手への気遣いに。ただし、10分以上遅れるときは連絡を入れるようにしましょう。

こういったマナーをわきまえて日々過ごすことで、あなたの育ちは良くなるのです。

144 訪問時の服装は、露出少なめで上品に

とくにお付き合いをしている彼のご実家を訪問するようなときは、上品で清楚な服装を心がけたいですね。露出が多かったり、体にフィットしたタイトな服はふさわしくないように思います。彼ではなく、彼のご両親の視線を意識しましょう。

和室に通されて正座をするかもしれないことを考えると、ひざが隠れる長さで、脚をくずしても目立たないフレアスカートがおすすめです。

また、素足はNGということ、夏であってもストッキングをはくことがマナーであることを認識していることが大切です。

145 訪問の際の必需品

常に、周囲の方への迷惑や不快感を想像し準備できるかが育ちのポイントです。

- 和室に通されるなら、夏は白いソックスを持参なさるのも育ちが良い印象に
- 雨の日は、ミニタオルや替えのソックスを持参します
- 子どもを連れて訪問するときは、相手にご迷惑をかけないように、子ども用のおもちゃや絵本、散らかりにくいおやつなどを持参しましょう

146 訪問の際、コートはいつ脱げばいい？

訪問時にコートはどこで脱ぎますか？　マンションならエレベーターでしょうか、玄関の前でしょうか。正解は、インターホンを押す前。モニター付きのインターホンだと、全身に近い姿を相手はご覧になれます。

まずコートを脱ぎ、手袋、マフラー、帽子などの防寒具も忘れずに外して、服装を整えましょう。とくに彼のご実家、恩師宅といった目上の方のお宅訪問の場合は落ち着いて整えてから、インターホンを鳴らしましょう。

147 コートの美しい扱い方

訪問時に脱いだコートを裏返すのは、外のほこりを訪問先の家の中に落とさないための配慮。自分のコートを汚さないためだけではありません。お宅を訪問する際は、まず相手を中心に考えられる方こそが、育ちがいい人に値します。

スマートなコートのたたみ方

1

コートの両肩に両手を入れる

2

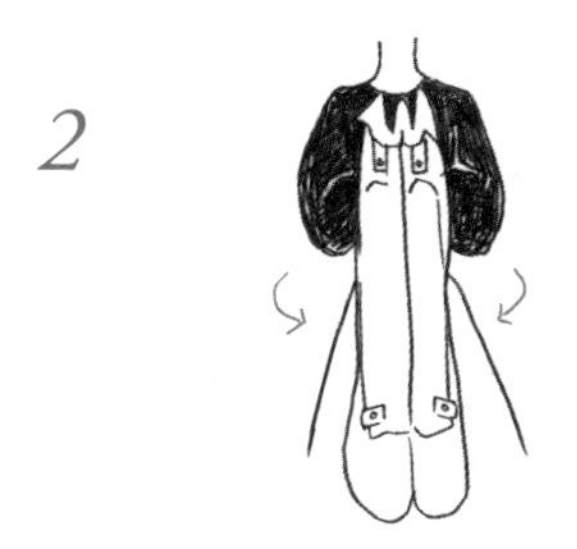

両手を合わせ、
片方をかぶせるように裏返す

3

たてに半分におり、腕にかける

148 席次は、出入り口や床の間を目安に

部屋のどこが上座か下座かをきちんとわかっていることも、育ちの良さであり、フォーマルな場にも慣れている印象を与えます。訪問先では上座に案内されるとわかっていても、すすめられる前に上座には座らないように。席の案内がないうちは、下座に座って相手を待ちましょう。

●洋室の席次

出入り口から遠い席が上座、近い席が下座です。椅子の種類は、上座から「長椅子」→「ひじかけ椅子」→「背もたれのある椅子」→「背もたれがない椅子」の順。飾り棚、お花、絵画などがあるのも上座の目印になります。

●和室の席次

和室の上座は床の間が目安です。床の間の前が上座、出入り口に近い席が下座。床の間がないときは、出入り口から遠い席、花や壺などが飾られている側が上座に。

洋室
和室

149 バッグの置き場所は遠慮の度合いによって異なる

訪問先でバッグの置き場所に困ったときは、バッグの種類によって判断します。いつも床に置いているバッグなら床へ、ハンドバッグなら背中に置きます。

また、畏(かしこ)まった訪問先や目上の方のお宅でのバッグの置き場所で、あなたの育ちのレベルが測れます。ソファの横や、隣の椅子、自分が座る椅子の背、床……となるに従って遠慮の気持ちを深く表すことができます。

150 お暇(いとま)するとき、コート類は玄関を出てから身につける

伺うときとは逆にお暇するときは、コートや帽子類は、玄関を出てから身につけるのが当たり前。ただし、「お寒いのでお召し下さい」と、訪問先の方にすすめられたら、「お言葉に甘えて」と着ても構いません。

お招き・エスコート

151 スマートなエスコートは気品がある

お客様や目上の方をエスコートするとき、自分が先に行くか、あとにすべきなのか、迷うときがありませんか。相手の方の動きや流れを止めることなく、さりげなくエスコートできる方には気品を感じます。

お客様を部屋に案内するときは、お客様のななめ前を歩いて誘導します。部屋に入るときは、押して開けるドアは自分が先に、引いて開けるタイプのドアならお客様を先にお通しします。

《その他のエスコート》

・レストランへの入店

ホテルやレストランではレディファーストが基本。女性や招かれた方が先に店内へ

・エレベーター

乗るときも降りるときもお客様が先で自分はあと。「お先にどうぞ」とひと言添えて

・エスカレーター

相手を見下ろさないように、基本的には上りのときは後ろ、下りの場合は前の位置に立つ

152 飲み物はなみなみつぐと品がない

お茶などをお出しする際の、入れ方にも確実に品が表れます。日本茶が湯呑の9割まで入っていたり、コーヒーや紅茶がカップの縁近くまでなみなみとつがれているのは、これまで適量のお茶を召し上がった経験が少ないのかな？　と感じさせてしまいます。日本茶は7割程度、コーヒー・紅茶は8割程度を目安になさると上品です。

153 ケーキやお茶の出し方

まずケーキなどのお菓子をお客様の正面に出し、お客様から見て右側にお茶を出します。飲み物だけのときは、正面に置きます。

ケーキについたセロハンは外してからお出ししたほうが、お客様が食べやすいでしょう。ちょっとした気遣いです。セッティングのマナーを心得ている方はやはり丁寧に暮らしていることが伝わってきますね。

●紅茶の出し方

紅茶のポットのふたは手で押さえずに、片手で持って注ぎます。トレイにのせたソーサーに紅茶を注いだカップをセットして、目上の方から順番にお出しします。ティーカップは、持ち手を右に向けて手前にスプーンを置くのが昨今の一般的なセッティングとなります。

● 日本茶の出し方

お茶を注いだ湯呑と茶托は別々にしてお盆にセットし運びます。湯呑の底を布巾でひとふきして茶托にセットしたら、お客様の右側からお出しします。湯呑の絵柄がお客様に見えるように置くのは、当たり前の作法。急須は紅茶のポットとは異なり、かならず空いた手でふたを押さえて注ぎます。

煎茶は60〜80度、ほうじ茶は熱湯、玉露はぬるめの50〜60度が一般的です。

154 お見送りは相手の姿が見えなくなるまで

目上の方をお見送りするなら、門の外までお送りしたいですね。

マンションならエレベーターの前まで。ドアが閉じるまで会釈でお見送りすると好印象です。一戸建てなら、相手が角を曲がって見えなくなるまで、お見送りするのが日本人の流儀でしょう。その丁寧な心を大切にしていきたいですね。

155 ホームパーティ&持ち寄りの常識

●約束の時間よりもやや遅れて行く

ある程度の人数をおもてなしするパーティでは、お料理の仕込みやテーブルセッティングで、ホストは大忙し。予定時間より早く到着したお客様をもてなす余裕がないことを察しましょう。通常の訪問マナーでは時間どおりではなく、少々遅れて行くものですが、ホームパーティの場合は気持ち遅めの10分程遅れて行く〝パーティ時間〟で。

●持ち寄るお料理は完成品を持参

ポットラック（持ち寄り）パーティで、ホストにお料理の仕上げを頼んだり、キッチンをお借りしたりするのはホスト側のスケジュールを妨げ迷惑になります。

●冷蔵・冷凍が必要なものは事前に確認

当日は冷蔵庫が食材でいっぱいということも。アイスクリームやケーキなど、冷凍や冷蔵が必要なものを持ち込むときは、事前にホストに確認を。

●ホストへの手土産を持参

「手ぶらでいらして」と言われたとしても、大人の女性ならその言葉を真に受けないこと。パーティを主催してくれた感謝の気持ちを伝えるために、お花やチョコレート、ワインなどの手土産をお持ちすることを忘れないで。ホストへの感謝の手土産は必須です。

●あと片付けの手伝いは確認してから

そのお宅のルールがあるので、気を使ったつもりがご迷惑になることも。2回程申し出ても「くつろいでいて」と言われたら、お言葉に甘えてしまいましょう。

第 6 章

贈り物・お招き

column

お受験で必ず受かるのは、こんな子

私がこれまで「親子・お受験作法教室」で多くのお子さんをご指導してきたなかで、「この子は受かる」と直感したのはどのようなお子さんだと思われますか？　それは、「育ちがいいオーラがある子」「品がにじみ出ている子」なのです。一見、元気でやんちゃそうな男の子であっても、人見知りで恥ずかしがりやの女の子であっても、やはり要所要所にオーラと品はにじみ出るのです。育ちは一日にしてならず。しかし今日から始めれば『育ちがいい子ども』になれます。

◎ 絶妙にアイコンタクトができる

お受験では門を入ってから、ご案内の方、控室にいらっしゃる先生、ご誘導の先生、そして行動観察の先生や面接官の先生など、実に多くの方々にごあいさつするシーンがあります。そこで、親に促されるのではなく、これまで身についた品あるお辞儀とアイコンタクトであいさつができるか、が肝心です。たとえ一瞬のことであってもけっしてクニャクニャせず、しっかりした体幹で相手の正面であいさつできるようになる訓練が必要です。

◎「メリハリ」「けじめ」のある子

子どもですから、遊ぶときは元気に遊ぶことが大切です。しかしいざ「集合!」や「やめ!」の合図が掛かったときにサッと気持ちを切り替え、すぐに次の行動に移せるのが受かる子。もちろん、「他の子もふざけているから」「みんなもまだ遊んでるから」は通用しません。また、歩きながら物を渡したり、立ったまま食べたり飲んだりする「ながら」も減点のふるまいとなります。

◎自分オリジナルの意見が言える

子どもだけの本人面接や親子面接ではもちろんのこと、行動観察の場面にもお子さんはさまざまな質問をされます。そんなときに親の顔をチラチラ見る、モジモジする、沈黙してしまう、また、塾や家庭で訓練した決まりきった答えしか言えない、というお子さんはすぐに見抜かれ、ご縁はいただけません。たとえ難しい質問であっても一生懸命考える、そして自分オリジナルの答えを伝えられるのが、育ちの良い子です。

◎四季や季節の行事、旬の食材を経験し、よく知っている

お正月に始まり、節分、ひな祭り、端午の節句、七夕、お月見、大晦日などを大切に過ごすのは基本中の基本。最低限、その行事のいわれや考え方をお話し、ご家族で迎えて下さい。

◎自分で考え、良いと思ったことだけできる

けっして流されず、自分でよく考え、正しいと思ったことを行動できる子が、複数の学校に合格しています。素直で、正直で、正義感を持った子に育てたいと思うのは、どのご両親様も一緒ですね。

◎譲る、分け合うことができる

おやつやおもちゃだけでなく、公園でのブランコの順番やゲームの順番を守った

り、サッと気持ちよく譲ることができていますか？　また、相手をほめることができるかも、大切です。何か問題点や改善すべき点が出てきたときは、いかにその子に適した指導ができるかで、人生が変わってしまうと言っても過言ではありません。

◎ 物を丁寧に扱える、片付けられる

せっかちさんやおっとりさん、性格はそれぞれですが、物を丁寧に扱えるのは、それとは関係ありません。せっかちで何事もパッパッと動くお子さんでも、受かる子はおもちゃの片付けやお洋服のたたみ方を始め、エプロンと三角巾の結び方までもがとても丁寧できれい。教材を私に返してくれるときの所作も！

品位を問われるふるまい

- ✓ 当たり前にルールを守る
- ■ マナー以前の、常識的な判断ができる
- ■ 正当なリクエストや主張は堂々と伝える
- ■ 居合わせた方への敬意がある
- ■ その場の全員が心地よく感じるふるまいができる

第7章

公共の場での ふるまい

不特定多数の方が集う公共の場でこそ、
人としての品位が求められます。
たとえその場限りのお付き合いでも、
心には居合わせた方への敬意を。
育ちがいい人は、その場を、
誰もが心地よく感じる上質な空間へと
変えることができます。

買い物・試着室

156 試着した服をそのまま返さない

試着した服は、ファスナーを閉めたり、ボタンを簡単にとめたりして返しましょう。裏返し等のまま返すのはもってのほかです。ほんの少しのひと手間を当たり前にかけられるかが、育ちを問われるところなのです。

157 試着室で脱いだ靴、ストッキング、靴下がきれい

試着のときに脱いだ靴は、きちんとそろえましょう。前を向いて脱いだままでは、丁寧さに欠ける日常生活が垣間見えるようです。

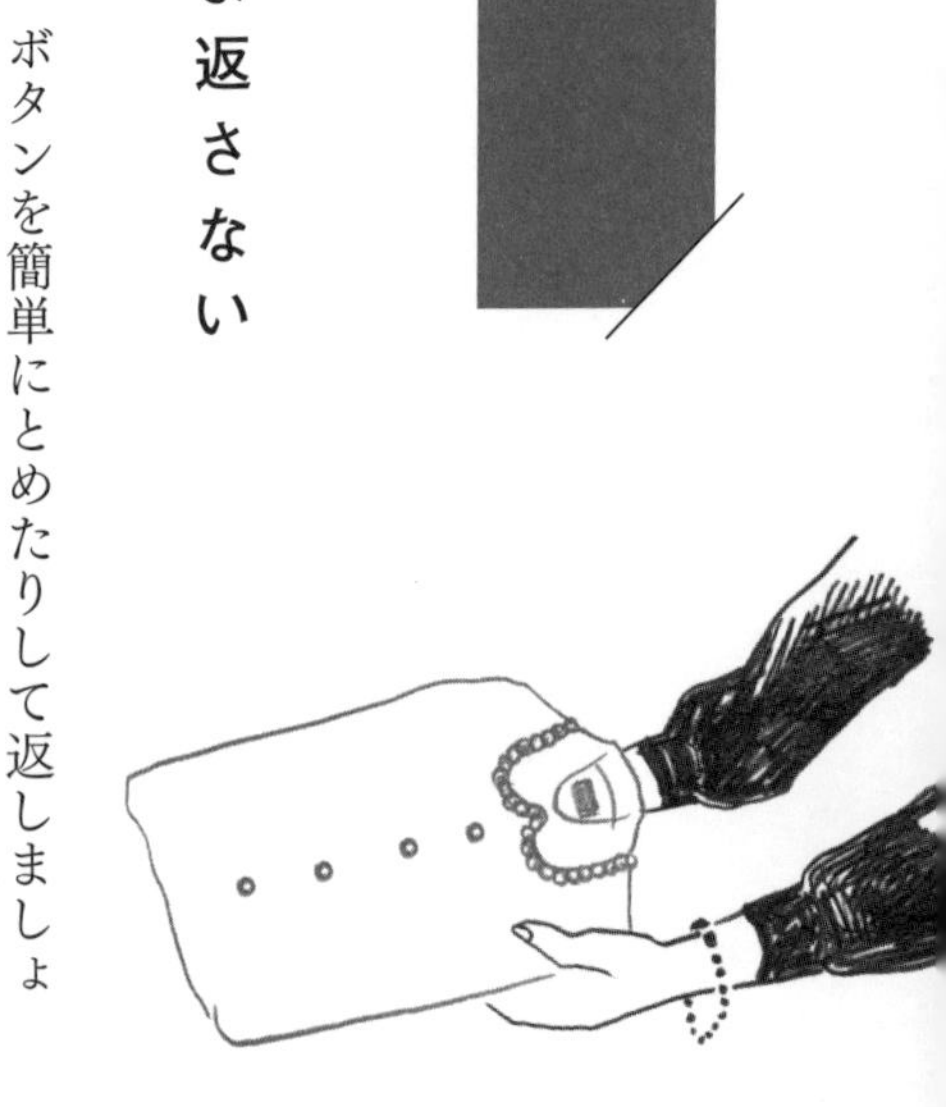

また、靴を脱いだときにストッキングが破れていたり、ペディキュアがはがれていたり、靴下に穴があいていたりするのはいかがなものでしょう。

いつ何時でも堂々と靴を脱げるのが、毎日を丁寧に過ごされている方です。もちろん靴屋さんでの試着の際も同様です。

158 買わないときも堂々と

「試着して気に入らなかった商品を断るのが難しい」というお悩みを生徒さんからよくお聞きします。サイズが合うか、似合うかなどを試すための試着ですので、希望に合わなければスマートにお断りしましょう。ただし、いろいろとご用意いただいたスタッフの方には、「せっかく奥からお出しいただいたんですが……」「たくさんご紹介いただいてありがとうございました」など、お礼や簡単なお詫びを伝えることを忘れずに。

堂々とした素敵なお客様という印象を与え、好みの商品の情報やセールのお知らせなど、優先的にいただけるかもしれません。素敵なお客様には上質な接客をしたくなるものなのです。

159 お見送りは、断っていい

ショッピングの際、「出口までお持ちいたします」とお見送りを兼ねて商品を運ぶことをトレーニングされている店員さんが多くなりましたね。私はよほど重いものでなければ「こちらで結構です」「ここでいただきます。ありがとう」とお断りすることが多くあります。みなさんはどちらで受け取るのが心地よいでしょうか？ ご自身で選んで、堂々と伝えて下さいね。

観劇・美術館

160 美術館には大きなバッグを持ち込まない

最近の美術館はどこも混雑していますね。大きな荷物は、他の鑑賞者の邪魔になりますし、美術館の作品を静かに楽しもうという雰囲気もこわしてしまいます。余分な荷物はロッカーに預けておくほうがスマートです。

161 観劇での素敵なふるまい

観劇では途中入場できないことも少なくありません。また入れたとしても、お席にたどり着くまでに他のお客様の観劇の妨げになります。入場は幕間まで待つか、切りがよいところまで後方で立ち見するなどの配慮を。映画館でも同様です。
この当たり前のふるまいが自然にできていますか？

162 途中で退席するときは

逆に途中退席するときは、あらかじめ係員の方に相談しておくとよいでしょう。通路側のお客様に、「途中で退席するので、よろしければお席を替わっていただけませんか」と申し出ても。中央の観やすいお席でしたら、喜んで替わってくれる可能性もあります。このような判断ができ、自然にご相談やご提案ができると、自分も周りも心地よく観劇が楽しめますね。

163 観劇では必ずシートに背中をつける

お芝居やコンサートに夢中になるあまり、背もたれから離れて前のめりになると、「観劇慣れされていない方」という印象を与えますし、後ろの方の観劇を妨げ、迷惑となります。常に、周囲に気配りできる大人の女性でありたいものです。

164 食べ物の音や匂いに気をつける

サンドイッチやおにぎりの包み、スナックの袋を開け閉めする際の音だけでなく、持ち運びのビニール袋の音も気になるものです。また、食べるときの噛む音にも配慮が必要。

さらに気をつけていただきたいのが、食品の匂い。当事者はなかなか気づきにくいことではありますが、そこまで考えて選べているでしょうか？

劇場や映画館での飲食は、場所によりルールが異なりますので、その都度確認することを忘れずに。

旅行・乗り物

165 公共の場での会話に育ちが出る

電車やエレベーター、お化粧室での会話は意外と周りに聞かれていることが多いもの。声の大きさはもちろん、うわさ話にはとくに注意して下さい。カフェなどでの会話も然り。どなたの耳に入るかわからない場所での会話は、あなたの品が問われます。場に応じて、声の大きさをコントロールできるのが、育ちのいい女性です。

166 電車でのメイクはやはりNG

電車でメイクをする女性を見て、「ママ、ここはおうちじゃないよね。あのお姉さんのおうちには洗面所がないのかな？」と、言っているお子さんがいました。

多くのメディアで取り上げられているものの、残念ながらまだまだお見かけします。

公共の場でメイクを堂々となさるのは、レディとは言えません。視界に入ることで不快に思われる方も決して少なくありませんね。

乾燥予防のためサッとリップクリームを塗る程度が、公共の場、とくに電車のように狭く限られた場で許される範囲の限界ではないでしょうか。

167 電車での飲食、どこまで許される？

新幹線のような長距離を移動する乗り物ならいざ知らず、通常の移動で使う電車のなかでの飲食は、それこそ育ちが問われます。

また、自分が思う以上に食品の匂いはただようもの。ファストフードなどは独特の油っぽい匂いがしますから、持って乗っているだけでも気になります。やむを得ない場合は仕方ありませんが、なるべく食べない、持ち込まないのが無難です。

168 座れるときは座ったほうがいい？

混んだ電車内で、目の前の席が空いていても座らない方について。空席があっても座らないことには何ら問題ないのですが、周囲の方が困る場面もあります。座りたいのに、その前に立たれているとふさがれているように感じたり、空席が見えず、必要な方が座れなかったり……。こんなときこそ、座りたい方の妨げにならないよう、ちょっと移動したり、お隣の方に「どうぞ」と目くばせや手でおすすめなさったり、ご高齢の方が近くにいらっしゃらないか確認したりと、気配りなさることです。

169 ベビーカーの気遣い

ベビーカーのマナーに関する見解は、使用する本人や周囲の方など人によってさまざま。できる限りお互いの状況を受け止めながら、思いやりと配慮の心をもちたいものです。

使う側としては、エレベーターでの乗り降り、飲食店での置き場所、通りでの歩く位置を謙虚に考え、ラッシュ時の電車はさける、できる限りベビーカースペースを利用するなどを心がけたいもの。

そして、周囲の方はママたちの苦労を認識、理解し、温かい心、思いやりの気持ちで手助けや見守ることができるのが理想ですね。

170 ひじ掛けは誰のもの？

隣の座席の人とひじ掛けの取り合いになったというお話をたまに聞きます。このような些細なことでせっかくの旅や出張が不快になるのは、非常に残念でもったいないですね。新幹線などのひじ掛けは、ひじを掛けるというより、あくまでも隣の方と自分との空間のしきり。単に「境界線」と考えたほうが、いらぬ争いも起こりにくいかもしれません。境界線と割り切って最初からひじをのせないのが、心おだやかに時間を過ごせるコツではないでしょうか。そもそもひじ掛けの取り合いなんて、品があるとはいえませんね。

171 乗り物でも香りに注意！

席の移動が限られる乗り物では、香水や整髪剤の香り、そして現在では洗濯用柔軟剤の香りも物議を醸しています。ましてや飛行機や新幹線の指定席の場合、好まない匂いと共に長時間過ごすのは、悪夢ともいえます。自分のお気に入りの香りは、必ずしも万人の好みではないという当たり前のことを心得て。

172 香水はウエストより上につけない

ここで、品のよい香水のつけ方をご紹介しましょう。香りはつけるのではなく、「纏（まと）う」というのが私の考え。以前は、耳たぶの後ろ、手首の内側、うなじなど、脈をうつところにつけるとよいといわれていました。香りが匂い立つからです。しかし、それでは近くの方に強く香ってしまい、〝迷惑な女性〟に……。

コツは、ウエストより下につけること。たとえば、ひざの裏側や足首など。ダイレクトに匂わず、ほのかに香ることが大切なのです。

また、直接自分にかけるのではなく、空中にシュッと一噴きした下を通って纏えば、一カ所に集中したり、過度につくこともさけられます。香りを上手に操ってみましょう。

173 美しい車の乗り降り

タクシーなど車に乗るときは、頭をかがめてもぐり込むように入ったり、脚から先に入れようとしがちです。ですが、それではスカートのすそが乱れてしまいますし、男性的でまったく美しくありません。次の順番でなさると品よくエレガントに乗れます。

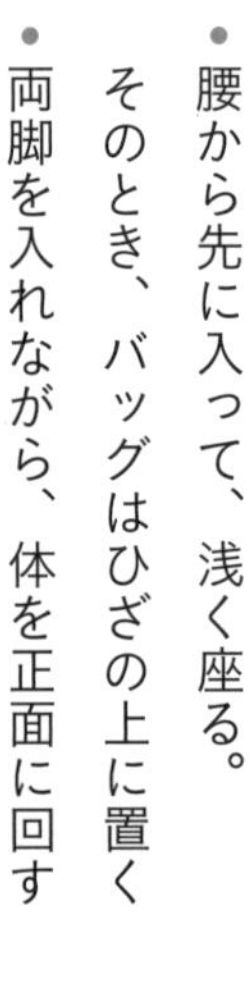

乗るとき

- 腰から先に入って、浅く座る。そのとき、バッグはひざの上に置く
- 両脚を入れながら、体を正面に回す

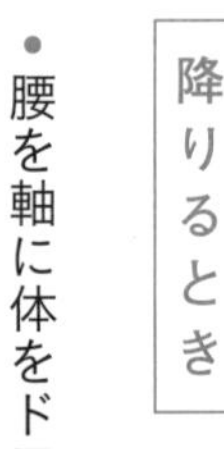

降りるとき

- 腰を軸に体をドア側に回しながら、先に脚を下ろす
- 足が地面についてから、ゆっくり立ち上がる

ホテル・旅館

174 ドレスコードでリスペクトを表現

ビジネスホテルやリゾートホテルなら神経質になりすぎる必要はありませんが、一流のホテルや旅館ならそのランクに合った装いをするのが礼儀、マナーです。ドレスコードに則りながら、ご自身のセンスでおしゃれを楽しめる方には、場慣れと育ちの良さを感じます。

ホテルマンは、時計や靴でお客様のランクを判断すると言われていますね。実際、私がインタビューした何名かのホテルマンも同様のお答えでした。チェックイン時には、きちんとジャケットくらいは羽織っていたいものですね。

175 サイン後は自然に向きを変えて渡せる

クレジットカードの利用後やホテルのチェックインの際、サインを書き終わったら、そのままの向きで渡してはいませんか？　どんな場面であろうと、どなたに渡すのであろうと、ごくごく自然に相手のほうに向けたいもの。相手をリスペクトする所作があなたの品位を高めます。

176 正当なリクエストや主張は堂々と伝える

お願いやクレームを伝えることに遠慮や躊躇（ちゅうちょ）してしまう方は少なくないですね。主張していいところと、我慢すべきところの線引きができるのが大人の女性です。

部屋が何らかの理由で気に入らないときは、きちんとホテル側に伝えましょう。言いにくいときは、「相談」という形にするとやわらかく伝わります。「ご相談させていただきたいのですが」「ご相談すべきか迷ったのですが」から始めてみては？

《相談できること》
- 部屋の大きさ
- 廊下や隣の部屋の騒音
- 窓からの景色
- 部屋のインテリアのイメージの違い
- エアコンの不具合
- 水道やお湯の不調
- 禁煙室なのにたばこ臭いなど、部屋の臭い

177 心づけは渡す？ 渡さない？

国内ではホテルも旅館もサービス料が含まれていますので、本来不要です。ただし、通常以上のお世話をお掛けする場合や素晴らしいサービスを受けた場合など、お

気持ちを渡してもよいでしょう。その際は、必ずポチ袋やお懐紙などに包むというひと手間が育ちの良さを表します。常に携帯していれば、想定外にお渡ししたいときでも安心です。お渡しする相手は、これからお世話になる担当の方、お世話になった方が基本。もしくは、女将など、上位の方でもよいでしょう。

お渡しするタイミングは、お部屋に案内いただいた仲居さんの一通りの説明が終わったあとや、頼みごとに対応していただいたときが通常です。帰り際にお礼と共に、というのも粋な渡し方ですね。

金額は宿泊する旅館のランクやお願いの程度にもよるので、本当に〝気持ちしだい〟ということになりますが、左記も参考になさってみて下さい。

《一般的な心付けの目安》

ゲスト1名につき宿泊料（食事込み）の5〜10%程度

- 特別なお願いをしたとき　1000円〜5000円
- 困難なお願いをしたとき　5000円〜10000円

178 和の空間での席次を理解している

国際的なマナーとしてはレディファーストが中心ですが、和の空間にその概念はありません。最近は日本旅館でも男性が女性をエスコートするシーンが一般的になりましたが、そうはいっても和室では、はずせない作法があります。

床の間の前が上座となりますので、男性が座ります。その認識がなく、レディファーストのつもりで上座に女性、下座に男性が座っていると恥ずかしい思いをしてしまいます。

洋と和のシチュエーションで、それぞれ適したふるまいが必要です。

179 座布団の正しい座り方

最近は和室慣れしていない方も多いので、座布団の扱い方が見苦しいことも少なくありません。とくに座るとき、立ち上がるときに座布団を踏みつけてしまうのは大変な不作法ですのでご注意を。美しく座布団に座れる女性は一目置かれますね。

座布団の座り方

- 座布団からはずれたところに正座する
- 正座のまま、親指を出した両手の握りこぶしを支えにしてひざを浮かせ、座布団の横、もしくは後方ににじり寄る

- さらににじり寄り、座布団の端にひざをのせる
- 続けて進んで正面に向き直る
- 座布団の前面に5㎝ほどの余白を残して座る
- 背筋を伸ばし脇をしめる。手はひざの上で軽く組む

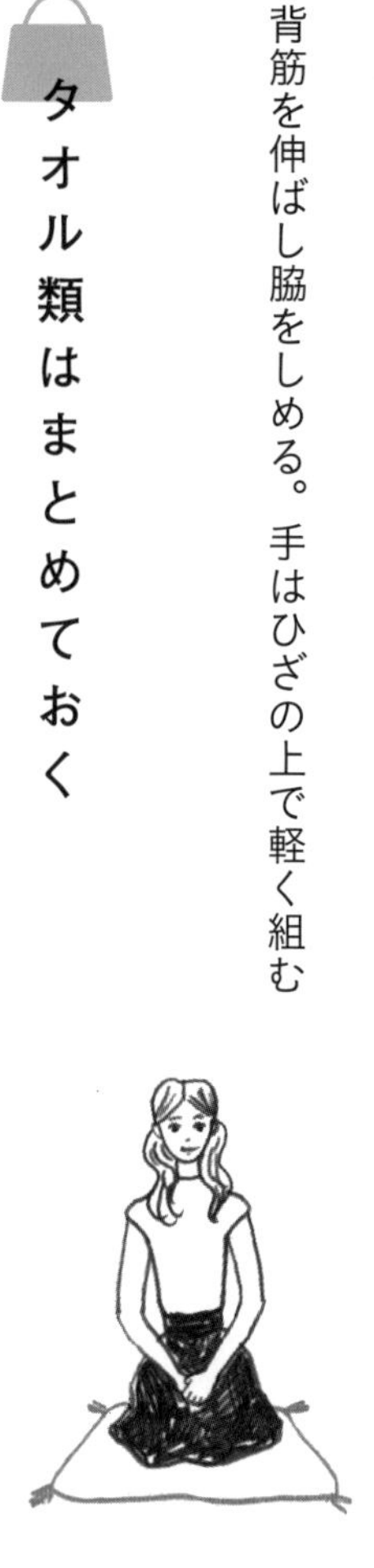

180 タオル類はまとめておく

チェックアウト時には、使用したタオル類は軽くたたんでひとつにまとめ、バスルームにおいておきましょう。「使わせていただきました」「お世話になりました」という気持ちは常に形で表したいものですね。

column

旅先で豊かに過ごす

旅行の荷物は少しでも軽くしたいもの。しかし、そればかりに縛られてしまう旅とは、本当に豊かなのでしょうか。

私が公私共に親しくさせていただいている、素敵な女性から学んだこと、それは「旅を豊かに過ごす」という考え方。毎月泊まりで一緒に乗馬に参りますが、彼女のスーツケースの大きいこと！　荷物の多いこと！　もちろん重いこと！　初めてご一緒した際は驚いたものです。1泊なのにディナー用ドレス2枚、パンプス3足、スキンケアとメイクグッズも普段通り。旅行用の小さな容器に詰め替えてもいません！

「えみさん、ディナーはどっちのドレスがいいかしら？」「じゃあ靴はこっちが合うわね」とホテルで楽しそうに選んでいる姿に大人の余裕と豊かさを感じました。

重いから、かさばるから、と当然のように諦めたりしない。思い込みを断つ。そんな生き方が魅力の女性です。

「育ちがいい」と言われる美しい食べ方

- ✔ 基本的なマナーを心得ている
- ■ お店や食べ物への感謝と敬意をもっている
- ■ お店のランクに相応しいふるまいができる
- ■ 決まったマナーがないものでも、エレガントに食べられる

第8章

食べ方

育ちの良し悪しが露骨に出るのが食事のマナー。
お箸の持ち方など、
当たり前にできているはずのことを
もう一度ここでチェックしましょう。
マナーを押さえた上で、
周りの方への気遣いを自然にできるのが、
にじみ出る育ちの良さです。

基本の食べ方

181 お箸は三手で扱う

右手をねじりながらお箸を取り上げ、左手を使わずにそのまま右手首をクルッと回して召し上がる方を時々見かけます。

お箸は必ず両手を使って三手で扱いましょう（次ページ参照）。

ひとつひとつの動作をゆっくり丁寧に行うと、余裕のある優雅なふるまいになります。お箸遣いは、その方の家庭での食事シーンが目に浮かぶもの。三手での上げ下げが品よく自然にできるよう、ぜひ今日から練習なさってみて下さい。

お箸の取り上げ方

まず右手でお箸を取り上げ、左手で下から支えながら、右手をお箸の下側へ移動し持ち替えます

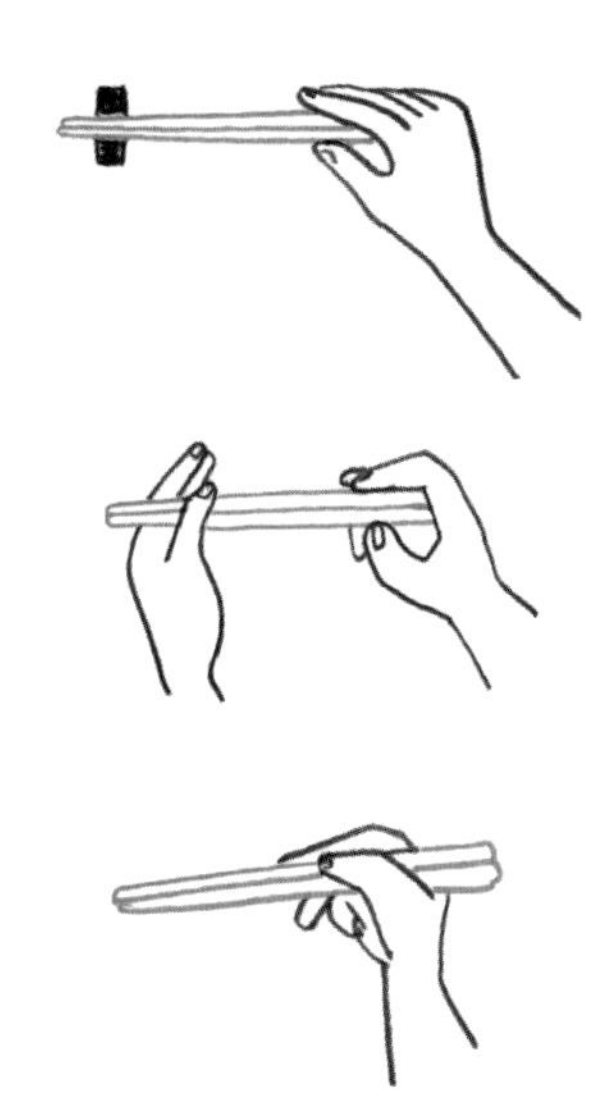

正しいお箸の持ち方のおさらい

- 上側のお箸は、親指、人差し指、中指の3本で持つ
- 箸頭から1／3程の部分を持つ
- 箸先がしっかりつく

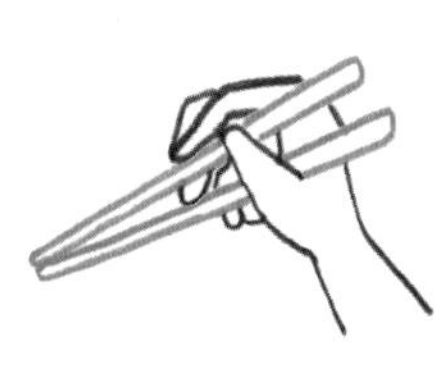

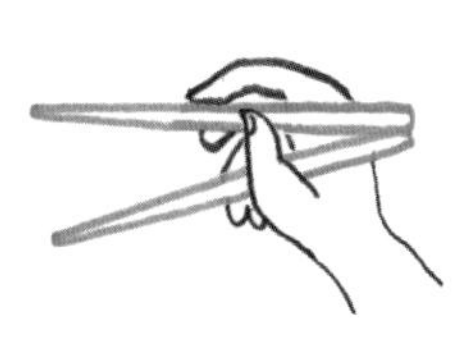

182

お箸とお椀の美しい持ち方

ながら動作ではなく、ひとつひとつの動作を分けて丁寧に行う所作は、女性の優雅さと品を感じさせてくれます。小皿や椀物を召し上がるときも、お箸と器を同時に取り上げずに、動作を分けながら余裕を持って扱いましょう。

お椀とお箸の扱い方

- お椀を取り上げる際は、いったん両手で持つ
- 右手をお椀から外してお箸を取り上げる
- お椀の底にある指にお箸をはさんで固定する
- 右手をお箸の下側へと持ち替える

183 汁物を飲むときのお箸の位置は？

汁物を飲む際、手に持ったお箸の位置がNGな方をお見受けします。お椀の外に出した箸先を正面の方に向けてしまうのは失礼ですし、配慮が感じられません。持っているお箸は、お椀の中の具を押さえながら汁をいただくようにします。

184

お箸やスプーンはなめない

お箸を口に入れてなめることを「ねぶり箸」といい、お食事のNGマナー。また、お箸にご飯つぶなどの食べ物がついているとき、それだけを食べるのもNG。そんなときは、何か他のお料理と合わせて召し上がるとよいでしょう。おかずが残っていないときには、お懐紙を使って、お箸をきれいにできたら上品です。

また、お味噌汁やスープを飲んだあと、お箸やスプーンに汁気が残っているとき、ふったり、なめたりしてしまうのは下品なふるまいですが、わりと頻繁に見られる光景です。

お椀やカップの縁に箸やスプーンをあてて、つーっとしずくを切るようにしましょう。

紅茶やコーヒーをいただくときにも使えるふるまいです。

185

和食でしてしまいがちなNGマナーと正解

× お箸を持っていないほうの手を下に下げたまま

○ 小皿や取り皿を持ち上げるか、手前に置かれている器に添える

× 手皿をする

○ お懐紙を小皿代わりにする

× 手がお料理の上を横切る（袖越し）

○ お料理のわきを通すようにして取り上げる。もしくは、いったん、器に近いほうの手で取り上げる

× テーブルで頬づえ、腕組みをしたり、ひじをついたりする

○ 食事中は左手は器を持つか、添える。もしくは、ひざの上に

× 渡し箸（お箸を器の上に置く）
○ お箸置きがない場合はお懐紙を折ってお箸置きにする。またはお箸の先端だけ箸袋に戻す

× 寄せ箸（お箸で器を引き寄せる）
○ 器は必ず手で移動させる

× お箸を持ったまま立ち上がる
○ 食事中、どうしても席を立たなければいけないときでも、いったんはお箸を置く

× お箸を持ったままジェスチャーする。お箸で人を指すのは論外！
○ 身振り手振りはお箸を置いてから

× 迎え舌（口を開け舌を出して食べ物を迎えにいく）
○ 落ち着いてお箸で口元まで運ぶ

186 グラス、茶碗の持ち方

●湯呑

両手で持つ。片手で湯呑の側面を持ち、反対の手を底に添える

●コーヒーカップ・ティーカップ

ハンドルに指をしっかり入れ、安定した持ち方をする、優雅に見せたいときは、指をそろえてつまむように持つなど、カップの形やその場に合った持ち方を

●ソーサー

ラウンジでいただくときなどのように、テーブルが遠かったり、立食などの場合は、ソーサーごと取り上げると品のよい所作となります

●ワイングラス

海外ではボウル部分を、日本ではステム部分を持つのが主流。その場に合わせてふるまえることが一番大切

187 お惣菜はパックのままでなく、お皿に盛りつける

デパ地下などで購入されたお惣菜。お皿に移して召し上がっていますか？　パックのままではあまりにも残念な食卓になってしまいます。

ペットボトルの飲み物や缶ビールなども同じ。ほんのひと手間を惜しまずに、日常を丁寧に過ごしたいもの。ただし、訪問先のお宅であれば、ひと言「お皿に移します？」「グラスを用意しましょうか？」と尋ねてみましょう。もしみなさんが気にならないなら、その場はそのまま召し上がっても。

188 育ちを疑う食べ方

「本当はよくない」「今回だけ」という認識があるのでしたらまだしも、次のような食べ方が当然のごとく日常となっている方はすぐに改めて！

- お皿に盛らずにお鍋から直接食べる
- 立ったまま食べる
- タクシーや電車など、公共交通機関のなかで食べる

189 婚活で障害になるのが食べ方

私の教室には「彼がいいレストランに連れて行ってくれるのですが、マナーに自信がなく恥ずかしいので……」「食べ方が汚いから、ちゃんと教わってくるよう彼女から指令が出ましたので（笑）」と、彼に恥をかかせたくないという思いや、パートナーから促されて受講なさる方がたくさんいらっしゃいます。

とくに婚活中の方であれば、男女いずれも、食事を共になさるパートナーに不快感を抱かせるような食べ方をしていると、後々必ずストレスを与えてしまいます。もちろんパートナーのみならず、食べるときの所作やマナーは、周りにいらっしゃる方すべての気持ちを意識しなければなりません。

ご自身の所作、ふるまい、次のお食事から見直してみましょう！

カジュアルな外食

190 おしぼりの使い方

海外やハイクラスのレストランではご用意のないところも多いですが、普段使いのお店や和食店などではほとんどおしぼりを出してくれますね。

このおしぼりの使い方ひとつで育ちが伝わることも。大きく広げて手のひら全体を拭くより、指先や第二関節辺りまでを軽くぬぐう方のほうが品を感じます。もちろん顔など、手以外を拭くものではありません。緊急事態以外では台拭き代わりにしないことも覚えておきましょう。

おしぼりの使い方

1

ひと折り分、丸めているものなら
1／3程広げる

2

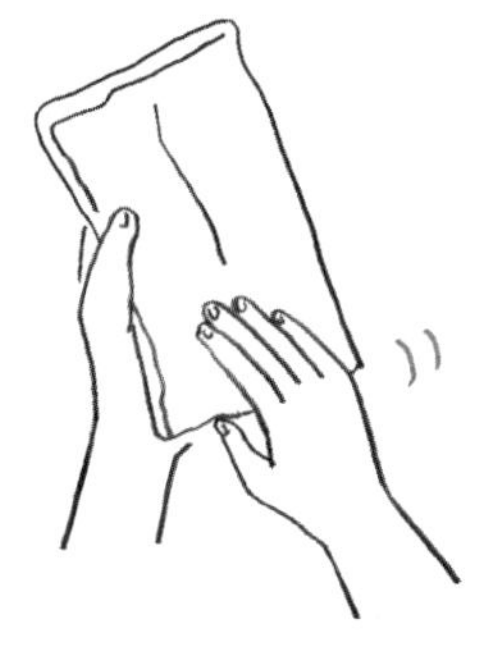

手先をぬぐう

3

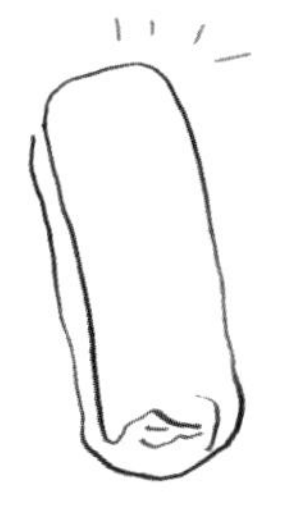

元に近い形に、軽くたたんで戻
しておく
使っていない部分が表面にくる
ように畳むと、下げていただく相
手への配慮になります

191 注文は誰から？

目上の方がご一緒のときは、その方が注文されるのを待ってからご自身の注文を。「どうぞお先に」とさりげなく促して。

また、お料理をいただく際も同じです。目上の方や主賓が召し上がるまで待ちます。

192 食べる速度は相手に合わせる

ビジネスパーソンの短いランチタイムでは仕方のないこととして、食事のスピードが速すぎる方には品を感じないもの。逆になかなか食べ終わらない方にも、周りは気を使います。基本的には、周りの方のスピードに合わせて。とくに目上の方やその日のメインゲストの方が召し上がる速さに合わせるのが礼儀です。

193 割り箸の割り方

「割り箸を割るにもマナーがあるのですか!?」と驚かれることがしばしばあります。割り箸は横にして持ち、扇を広げるように静かに割ってみて下さい。両隣の方にぶつからないための所作となります。

194 お店でお箸置きをつくらない

箸袋を使って器用に凝ったお箸置きをつくる女性を見かけるのですが、私はお箸置きが用意されていないお店は、「本来マナー違反である渡し箸も許されるカジュアルな場所」と考えてもよいと思います。ただ、渡し箸にやはり抵抗がある方は、お箸の先の部分だけ箸袋に入れて置くのがおすすめです。箸袋の外側は決して清潔とは言えませんし、折り紙のように、鶴などを丁寧に折った部分も衛生的ではありません。

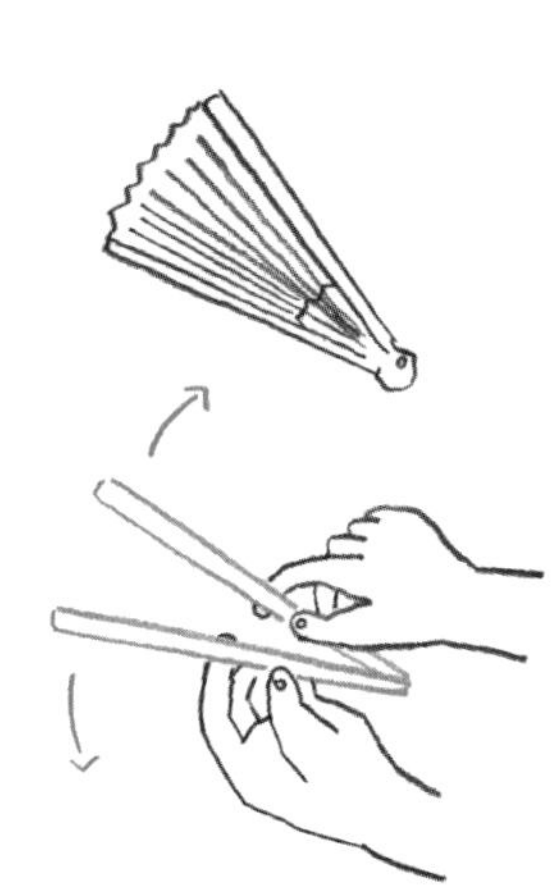

195 お酒をついでもらうとき

・**日本酒**

和のものは基本的に両手で扱いますので、おちょこについでもらうときも両手で持ちます

・**ビール**

本来日本の飲み物ではありませんが、ついでつがれてという文化が浸透しています。女性は両手で持ってついでもらい、湯呑と同様に両手で持っていただきます

196 ボトルの逆さ持ちはNG

右手首をクルッと返してビール瓶を持ち、つぐしぐさは、一見手慣れているように見えますが、品よくは映りませんのでご注意を。

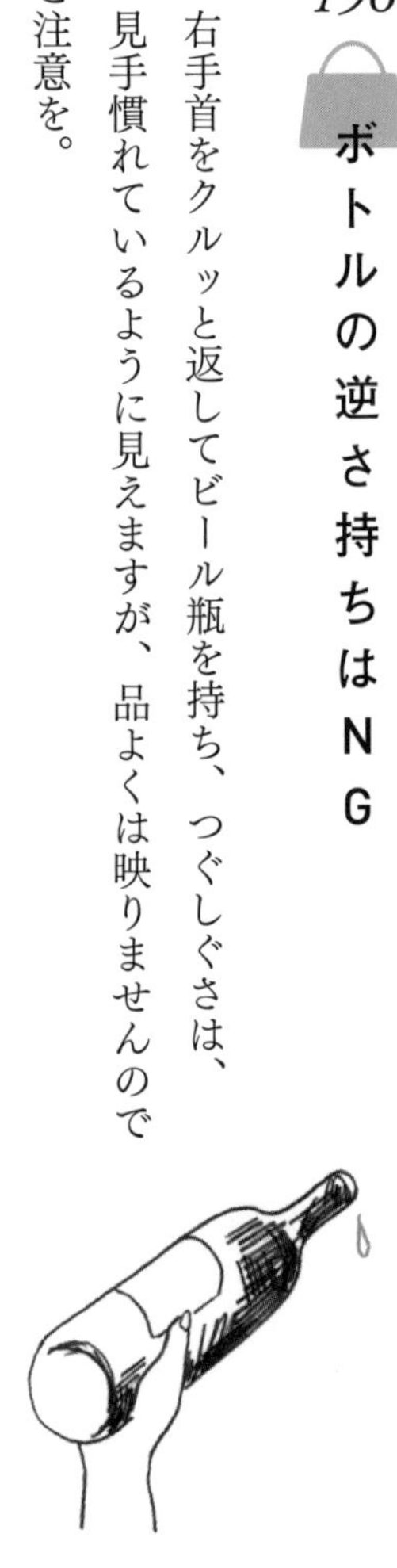

体ごと相手のほうを向き、ラベルのある正面を上にし、右手が瓶の上、左手が下となるように持ち、丁寧につぎましょう。

197 ビールのつぎ足しは、相手に確認をとってから

ビールのつぎ足しを嫌う方もいらっしゃいます。グラスにビールが少しでも残っているときは、必ず「おつぎしてもいいですか?」とひと言確認してからにしましょう。

198 逆さ箸は不衛生

大皿から取り分けるとき、逆さ箸をしている方も多いですね。気遣いや気を利かせているつもりだと思いますが、これは実はマナー違反。不衛生ですし、使用後の見た目も美しくありません。お店の方にお願いして、取り箸をいただくのが正解です。

199 レモンはめいめいで

鍋奉行を率先してなさる方、そのやり方はみなさんが納得していますか？

また、最近よく取り上げられる〝唐揚げのレモン〟問題。複数でいただく際は、それぞれの好みを確認しなければなりません。何も聞かず全体にかけてしまっては「ただの女子力アピール」と思われてしまうかも。

ご自分の当たり前は他人の当たり前とは限らないことを常に認識してふるまう俯瞰力が必要です。

200 食べ終えたものは寄せる、まとめる

訪問先でいただいたあとのお菓子の袋などは、可能な限りで結構ですので、簡単にひとつにまとめておきましょう。また飲み終えたグラスがいくつかあるなら、一カ所に寄せておきます。ちょっとしたことですが、相手が片付けやすいようにという心遣

いと、「ごちそうさまでした」「美味しくいただきました」という感謝の気持ちが表せるかで、あなたのこれまでの暮らし方が垣間見えます。

201 お皿は重ねない

お店によっては、食べ終わったお皿を重ねることを好まない場合もあります。お客様側としては気を利かせているつもり、親切のつもりであっても、重ねたお皿に汚れがついてしまうなど、ありがた迷惑になると残念ですね。

とくに高価な器を扱っているお店では重ねることによって傷んでしまったり、塗り部分が傷ついたりしてしまうのでさけるように。知人のお宅にお呼ばれした際も同様です。

どのような場所であっても、何も考えずにどんどん重ねてしまう姿は、丁寧に生活してきたことを感じさせません。

202 靴をさりげなくそろえてあげる

和室など靴を脱いで上がる場面で、他の方の靴もさりげなくそろえてあげられる女性は素敵ですね。そのような習慣が普段から身についているのがわかります。

203 その場に合わせたふるまいができるのがエレガント

いつでも上品にふるまうのがエレガンスとは限りません。周りの雰囲気や、その場に合わせることができる方が本当にエレガントな方です。

たとえば、焼き鳥屋さんですべて串から外してから召し上がる方、お蕎麦屋さんですする音を絶対にさせずに時間をかけて召し上がる方、逆にランクの高い洋食店でスープをすすってしまう方などは、周りに違和感や不快感を与えてしまうことに。

育ちがいい方は、しっかりとした幹があるので、どんな場面でも自信と余裕をもって愉しめます。みなさんも本書を機会にまずは基本の幹の部分を手に入れて下さい。

美しい食べ方

204 お料理は、迷ったら左手前から

お皿の上のお料理、どこからお箸をつけたらよいのか悩むものがあります。迷ったら、「左側の手前から」と覚えておきましょう。これは洋食の場合も同様です。

205 麺類を途中で噛み切るのはNG

お蕎麦、おうどん、ラーメン、ロングパスタなど麺類を召し上がる際、共通して品がなく感じられることがあります。それは、麺を途中で噛み切ってしまうこと。最後の端までいただける分量を考えて、お箸で取り上げましょう。ロングパスタも

同じです。フォークで巻き終わった際の大きさを推測して。

206 お蕎麦など盛られたものの食べ方

ひと口目はお蕎麦自体の香りを愉しむためつゆは付けず、その後も1/3程度までつけていただく、ひと口分が多すぎるのは野暮……など、お蕎麦好きの流儀やルールは常に話題に事欠きませんね。

最低限守っていただきたいのは、ざる蕎麦などの盛られたものは頂からお箸を斜めに入れること。山が崩れにくく程よい分量のお蕎麦が取れます。そして、取ったお蕎麦は途中で噛み切らずひと口でいただく、ということ。いずれにせよ、お箸で取る分量を考えることが大切です。

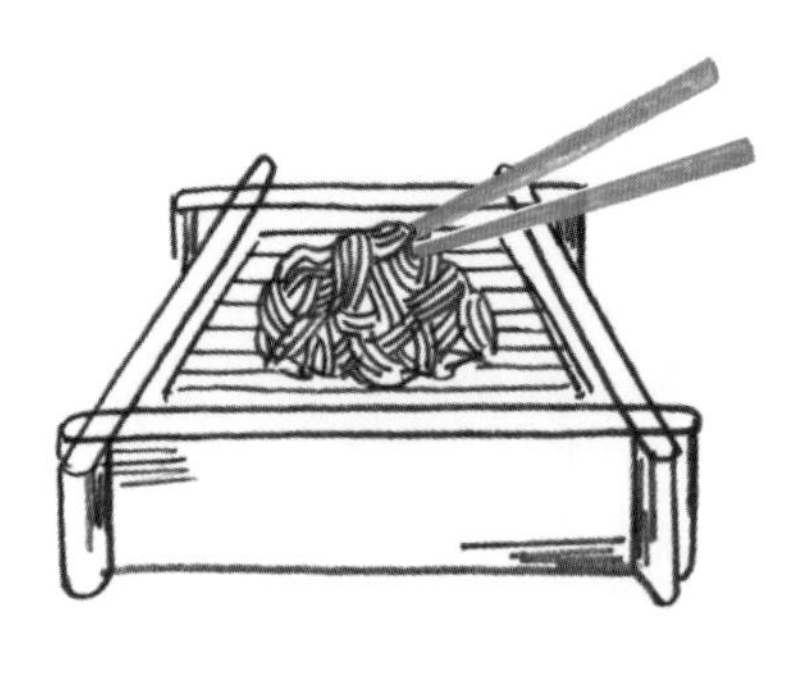

207 焼き鳥など串ものの食べ方

串からすべて外して食べる女性もいらっしゃいます。一見、上品と思われる食べ方かもしれませんが、せっかくの焼き鳥の醍醐味が失われるのではないでしょうか。焼き鳥は串のまま召し上がるほうが、場に即したふるまいと考えます。

ただ、串の下の方にいくにつれて少々食べづらくなっていきます。そちらだけは串から外してもよいでしょう。また、串のまま食べるのなら、お箸で串の先のほうにずらしてからいただくのもあり。

カジュアルなお店や食べ物の場合、いかにその場に合ったふるまいをしながらも品を残せるかがポイントです。

208 食べ物に歯型を残さない気配り

丸ごとかじっていただくようなハンバーガーやサンドイッチ、おまんじゅうなど、ひと口いただいた後の歯型が気になりませんか？　ちょっとした気遣いですが、ひと口分を2回に分けて噛み切れば、明らかな噛みあとが残るようなことはありません。

209 ハンバーガーの上品な食べ方って？

ハンバーガーはもともとカジュアルな食べ物ですから、ある程度大胆にいただいたほうがおいしいですよね。でもそこは女性。あまりにも大きな口を開けた姿は見せたくないものです。多くのバーガーは中身がこぼれ出ないよう、また手を汚さないよう、紙袋に入っていますので、その上側の紙を少し広げ口元を隠しながらいただくと心配ないですよ。

ナイフとフォークが添えられている大きなハンバーガーの場合は、半分程にカットしてからのほうが召し上がりやすいでしょう。

〈他にも、気になる食べ方〉

・ピザ

カジュアルな食べ物なので、あまり美しさを気にする必要はないでしょう。ナイフとフォークがあればカットしたり、大きいものは折って食べたりしてもどちらでもOKです。

●パンケーキ

パンケーキもカジュアルな軽食。放射状に切っても、端から切ってもOK。切り方はお好みで。ただし、食べ終わったお皿の上の美しさにはこだわって！

210 いちごのショートケーキ

「上のいちごはいつ食べる？」これは私もよく尋ねられる問題です！　特にルールはありませんが、まずひと口目にいちごを召し上がると、少々子どもっぽいイメージになりますね。端から召し上がって、いちごのところまで進んだら……というのが自然でしょう。ケーキのサイドを覆うセロハンはフォークで巻きとると美しいですが、上手くできなければ手でとっても問題ありません。

211 みかんのきれいな食べ方

みかんの皮や筋をどこまでいただくのかは、人それぞれ。ただ、食べ終わったあとはできるだけ美しく映るようにしたいもの。外皮はむいたあとは必ず閉じましょう。その後ヘタの部分を上にしておけば、なお、見苦しくなくなります。

212 おせんべいは袋の中で割って食べる

「この食べ方がマナー」という決まったルールがないものでも、どうしたら散らからず、きれいにいただけるか常に気遣って生活していることが大切です。

個別包装されたおせんべいなどは、袋の中であらかじめ割ってから口に運ぶと、外に飛び散りません。サッとひざにハンカチを載せていただくなど、ほんの少しの心遣いがごく自然にできる方こそ、育ちの良さが垣間見え、品よく映るのですね。

213 食べ歩きの考え方

昨今、人気のスポットや観光地、お祭りなどでの食べ歩きが増加し、それに伴う迷惑行為も多々聞かれます。もちろん、「食べ歩き用のお店で買ったものだから」「みんながやっているから」「そういう場所だから」などの考えもありますが、「食べ歩きはお行儀がよくないもの」という文化の家庭で育ってきた方はやはり違和感があるはず。

ベンチを探す、周囲の方にあたらないよう注意する、子どもの目の高さを十分考える、食べ残したものや食べ終わったゴミは持ち帰る、など育ってきた環境や倫理感などが見える瞬間です。

和食

214 和室で素足はNG

あらかじめ和室に通されるとわかっているときは、素足ではなくストッキングを着用して行くのがマナーです。白いソックスを持参し、お玄関ではかれてもよいでしょう。

もし急なおよばれでしたら、コンビニなどでストッキングを調達し、整えてから伺うという気持ちも大切です。

心配なときは、先にテーブル席なのか座敷なのかを確認しておけば、あわてることもありません。ドレスコードはあらかじめチェックしておくのが、大人のたしなみです。

急で、ストッキングなどを用意できないなら、「本日は素足ですのでお邪魔するのは失礼かと……」とご遠慮なさるくらいの分別がある方に、育ちの良さを感じます。

215 脱ぎはきのしやすい靴がベター

事前に座敷とわかっている場合は、可能でしたらブーツなどの脱ぎはきに時間がかかる靴はさけた方が無難でスムーズです。玄関でもたもたしてしまい、他の方をお待たせしてしまうかもしれません。

216 ある程度のランクのお店では靴はお任せに

下足番のいるお店なら、靴は正面を向いたまま脱ぎ、脱いだ靴の片付けはお任せします。自分で下駄箱にしまおうとすると「慣れていない」という印象に。下足番の方には、「お願いします」などのひと言があると、丁寧で気持ちが伝わります。

部屋のなかでは、家庭や訪問時の和室同様、畳のへりや座布団を踏まないことは当然です。

217 高級和食店で気をつけたいこと

- 塗りの器を傷つけないよう、大きな指輪やブレスレットはつけていかない
- 香水、整髪剤、制汗剤、柔軟剤など、自身の香りに十分気を配る
- 和室では、肌見せの度合いを考える。ノースリーブならちょっと羽織る物を持参すると安心。タイトや丈の短いスカートはご自身も周りも気になるので、さけるのが無難

218 匂いに敏感になりましょう

繊細でほのかな香りも愉しみなのが和食。蓋つきのお椀なら、開けた際にふわっとお出汁が香ります。旬のお野菜や、紫蘇、ミョウガなど薬味の香りも和食の醍醐味ですね。

このような空間で、香水などの強い香りは控えるのが当たり前。周囲のお客様にも

ご迷惑がかかるため、入店をお断りするお店もあります。しっかりと香りをつけている日に和食に誘われたら、遠慮するくらいが「よくわかっている、育ちがいい」女性です。最近は柔軟剤や制汗剤でも香りの強いものが多く、「スメハラ」という言葉もあるほど。たとえ自分が好きな香りであっても、他の人も気に入るとは限らず、食事を愉しむ妨げにもなります。自分の香りには敏感になりたいですね。

219 育ちのいい人に知ったかぶりをする人はいない

レストランやお鮨屋さんで通ぶる。ハイブランドのブティックで常連ぶる。これらは自分を実際以上に見せたいという願望と、でも実際は残念ながらそうではないというコンプレックスの表れと、とらえられてしまいます。一方でマナーが当たり前にできている方なら、知らないことや初めてのことを素直に伝え、尋ねることができます。「こちらはどんなお料理ですか?」「これ、どのようにいただけばよろしいですか?」など。そんな場面を見ると「ああ、本当に素敵な育ち方、生き方をなさっていらしたのね」と思います。

220 骨つきのお魚を食べられたらポイントアップ

「骨つきの焼き魚は苦手で……」とおっしゃる方はとても多いですよね。ですから私のマナースクールのテーブルマナー講座では、料理長に頼んでお魚もお肉もわざわざ骨つきを出していただいています（笑）。

上身から召し上がり、中骨を上手に外し、下身に移動して最後まできれいに召し上がる。そんな方にはやはり育ちの良さを感じます。さらには、骨やヒレをまとめてお懐紙で覆うような気遣いがおできになるとなおさらです！

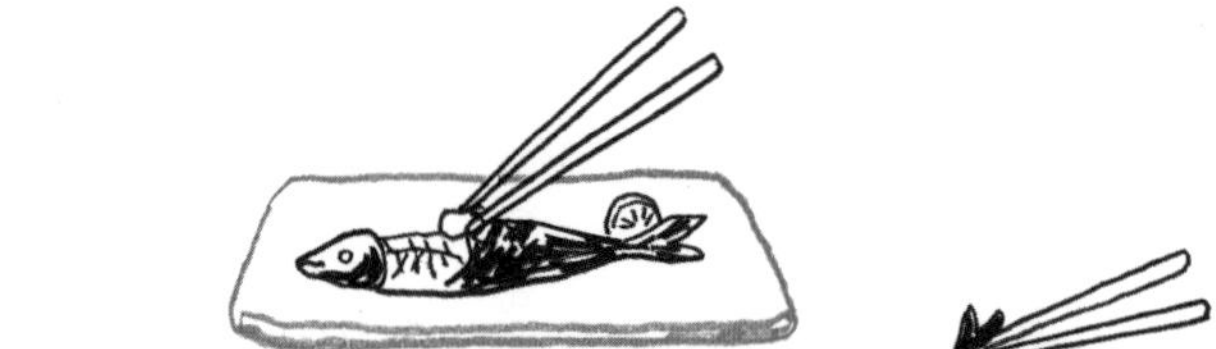

魚はひっくり返さず、左から右に食べ進めるのが基本。
上身を食べたら中骨を外してお皿の奥に置き、下身をいただく。

221 盛り合わせをいただく順序を知っている

お造りや天ぷらの盛り合わせ、どれから食べるか迷いませんか？

薄味から濃い味に進むと美味しくいただけることや、盛られたお料理が崩れにくいことがわかっていると、迷うことなく召し上がることができます。

もし味の濃さに迷われたら、手前や左からいただくのが基本、と知っておくと悩まずに済みますね。

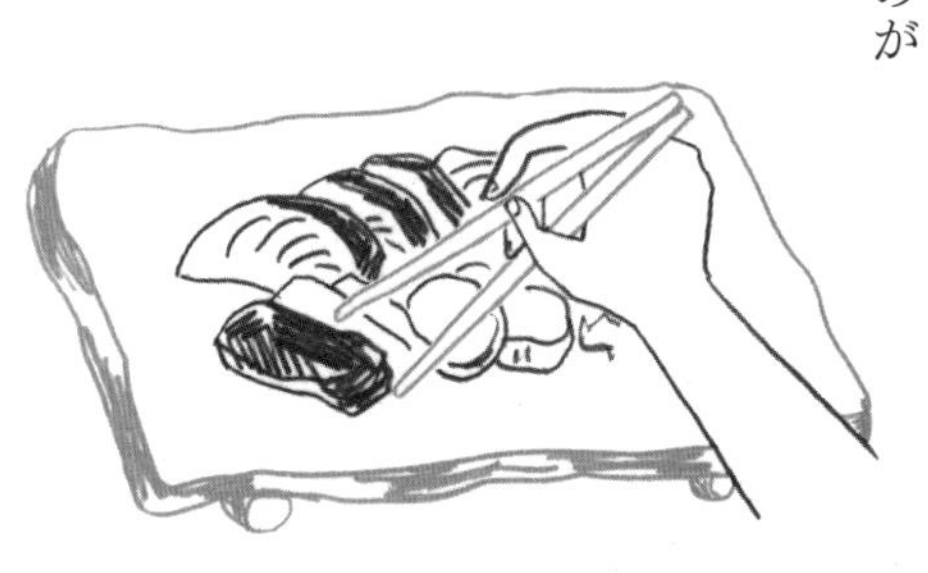

222 気になるごはんのこと

●ごはんの上におかずをのせてもいい？

ランクの高い和食店では、ごはんの上におかずや香の物をのせて、一緒に召し上がるのはＮＧです。

●お寿司は手とお箸どちらで食べるもの？

どちらでもよいですが、手で直接いただいたほうが、ふわっと握った触感も味わえます。

淡白な味のものから注文し、味の濃いものや脂ののったものはそのあとでいただいたほうが美味しく召し上がれます。

●ちらし寿司や丼もののお醤油は、回しかけてもいい？

「ちらし寿司」の場合は上からかけてしまうと下のごはんにも伝わってしまい召し上がりにくくなるので、それぞれの具材をお醤油の小皿でつけて、ごはんと一緒に召し上がるほうがよいでしょう。

223 ひと口で食べられないものは、かじってもOK

お箸ではなかなか切りにくい筍など大きめの食材、どのようにいただくか迷いますね。かじるのは、はしたないのでは？　と思うかもしれませんが、かじって召し上がっても結構です。ただし残りをお皿に戻すのは見た目によくないですから、そのままふた口目でいただいてしまうとよいでしょう。

224 和食はどのお皿まで手に持つのか

ご自身の手のひらサイズくらいまで……などの目安はありますが、はっきりとした線引きはありません。お皿やお椀の重さや大きさを考えて、持つか持たないかをご自身で判断できることも育ちの良さです。マナーの答えはひとつと決めたがる方が多く、私はそれを残念に思うのですが、まずは自分の感性、感覚を磨くことが大切です。自分のものさしではかれて判断できる方は、育ちのいい方です。

225 手皿は決して上品ではありません

手皿を上品と勘違いしている方の多いこと！　手皿とは、お料理を口に運ぶときに手で受けるようなしぐさをすること。実はこれはマナー違反です。

持てない大きさの器からお料理をいただくときは、手皿ではなく、お取り皿や小皿を使うのがマナー。蓋つきの器でしたら、蓋を小皿代わりになさってもよいでしょう。

本書では何度かお懐紙が登場しています。小皿がないときはお懐紙を添えていただくとワンランクアップしますね。また、食事だけでなく、日常のさまざまなシーンでも使えます。あなたもお気に入りのお懐紙を探してみませんか？

レストラン

226

大きな荷物は持ち込まない

パソコンや書類が入った仕事用の大きなトートバッグなどは、非日常を求める方がいらっしゃるエレガントなレストランにはふさわしくありません。大きなバッグや荷物、もちろんスーツケースやカート類も必ずクロークにお預けしたいもの。

でも、女性の場合、手ぶらはNGですよ！

いつどなたにディナーに誘われるかわかりません。突然のお誘いにも対応できるよう、常に軽くて小さめのクラッチバッグを入れておくと安心ですね。

227 席を立っていいのは、デザートタイム以降

レストランではお食事中に席を立たないのがマナーの基本。せめてデザート前までは席についていたいものです。日本ではおしぼりを出すフランス料理店も少なくありませんが、海外ではほぼ出ないと思って下さい。それらも合わせて考えると、着席前にお化粧室に行かれておくとよいですね。

228 写真を撮るときには、ひと言声をかける

フォーマル感が強まるに従って、お店は写真撮影に敏感となります。お料理の写真を撮りたい際は、ひと言「お写真を撮ってもよろしいですか?」とお聞きしましょう。その際、「他のお客様が写らないようにしますので」と付け加えるとなおよいですね。また、フラッシュはもちろんNGと思って下さい。シャッター音が出ないアプリも用意しておくと安心です。撮影はサッとすませ、せっかくのお料理をおいしいう

ちにいただきましょう。また、SNSにアップする際は、くれぐれも他のお客様が写り込んでいないか確認して。

229 レストランでは手はテーブルの上に……その理由は⁉

日本ではあまり知られていませんが、ヨーロッパでは席に着いたらテーブルの上に手を置きます。これにはもともと武器を隠し持っていない証しとして、という歴史があります。手をお行儀よくひざの上に置いたままでは、会話も弾んで見えませんので、お気をつけ下さい。テーブルの上に出した両手は軽く組むと、エレガントな雰囲気になります。

230 ナイフとフォークの持ち方

テーブルマナー講座をしていると、洋食の基本ともいえるナイフとフォークの持ち方に問題がある方がかなりいらっしゃいます。最も多いのは、人差し指が横にはみ出てしまっている方です。正しく持てていないと、力が伝わりにくく優雅な所作となりません。それぞれのカトラリーで人差し指を置く位置も変わります。

両手の人差し指がしっくり収まる部分、カトラリーによっては指が置きやすいよう凹んでいる物もあります。

そのスポットがわかると最小限の力で上手に扱えるはずです。

マナー本にはそこまで書かれていません。マナー以前のことだからです。

しかし人差し指の位置で、あなたの生活や育ちがわかってしまいます。

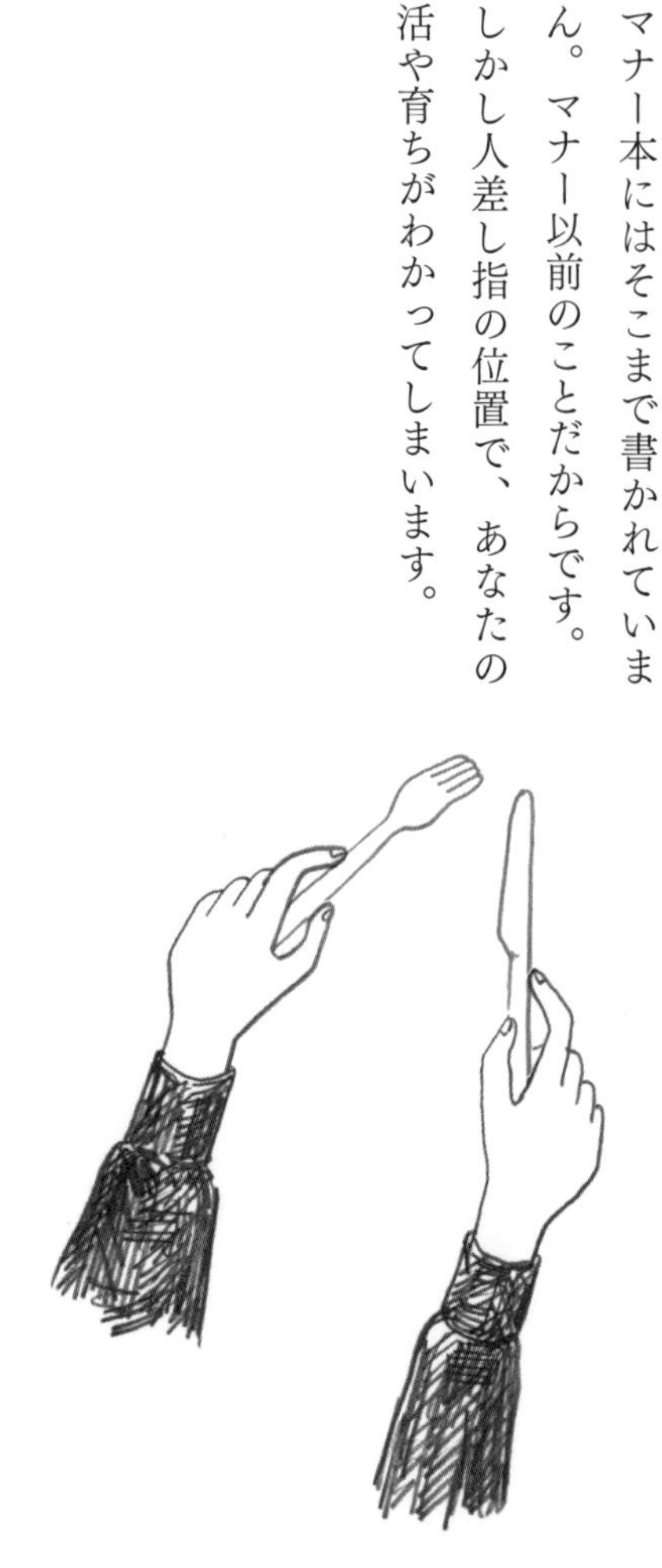

231 ナイフとフォークの置き方

ナイフを置くときは、刃は必ず内側に向けます。ヨーロッパではナイフの刃を外側に向けるのは、何よりも失礼に取られます。また、食事が終わったあとはフォークを仰向けにするなど、基本的なことをわかっていない方も意外と多いので、基本マナーはしっかり心得ておきましょう。

お皿にぶつけてカチャカチャ音を立てたり、ナイフやフォークを持ったままの身振り手振りやジェスチャーももってのほか。

食べ終えたら、カトラリー類はそろえてお皿の3時～6時の位置に置きます。もちろんナイフの刃の向きに注意して、フォークは仰向けに。ナイフとフォークは離れすぎないように置くと、上品に見えます。

232 知っておきたいカトラリーのタブー

- フォークを左から右に持ち替える
- お料理をカットする際、カチャカチャと音を立てる
- お料理の上にカトラリーをのせる
- 落としたカトラリーを自分で拾う
- カトラリーを持ったままナプキンを使う
- カトラリーを持ったまま身振り手振りをする
- お皿にナイフを置くときに、刃を外側に向ける

233 フォークでライスを食べる場合

一時期、ごはんをフォークの背にのせて食べるスタイルが主流の時代がありました。しかし、ごはんを背に押し付けるのは、見た目もあまり美しくないですし、食べ

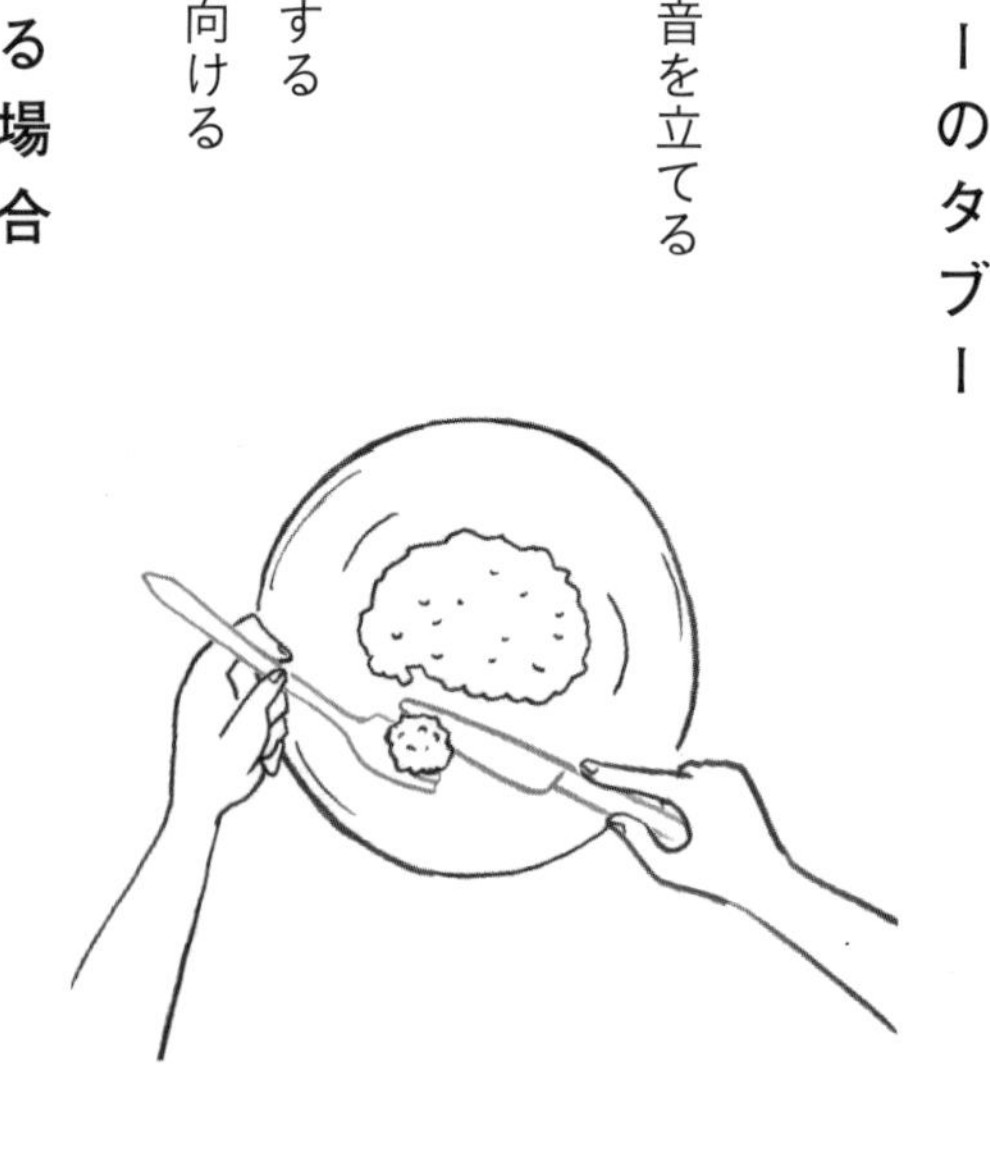

にくもあります。今はフォークの腹のほうにのせて食べるのが一般的です。ただフォークを左手から右手に持ち替えるのは、正式にはマナー違反になるため、右手のナイフでごはんをよせながら、フォークで食べましょう。ただ、欧米のお料理をいただくレストランでは、そもそも日本のようなタイプのお米は出ませんが。

234 パンはいつ食べる？

パンはコース料理の早いタイミングで出てきますが、もちろんメインの前でも、出てきたら召し上がって結構です。ただし、メイン料理の前にパンを食べすぎるのはいささか子どもっぽいのでご注意を。コースを愉しむためにも、ほどほどにしておきましょう。

またランクの高いレストランでは、パンにお料理のソースをつけていただくのはNG。ビストロなどカジュアルなお店では問題ありません。

235 正しいワインのつがれ方

ワイングラスに手をそえたほうが丁寧な印象かもしれませんが、日本式のお酒やビールの場合とは異なります。グラスは持ち上げず、触れてもいけません。基本的なことですが、このような知識がないと、「このランクのレストランに慣れていない」という印象を与えてしまいます。

236 ワインのお代わりを断るときには手を添えて

「もう結構です」という代わりに、グラスのふち近くにそっと手を添えると、お代わりはいらないという合図になります。洗練されたふるまいです。

237 音に敏感に

欧米などのマナーでは、何より音を出すことはタブー。すすったり、くちゃくちゃと噛むのはもってのほか。カトラリーを使うとき、カップを置くときなどに、思わぬ大きな音をたててしまったら、「失礼しました」のひと言を。

238 ナプキンの使い方

ナプキンは、オーダーが済んでアペリティフ（食前の飲み物）が運ばれる頃に広げましょう。

置き方は諸説ありますが、二つ折りで輪を手前に置くのが主流となっています。もしひざから滑り落ちた場合は、自分では拾わず、必ずお店の方に伝えましょう。新しいものをお持ち下さるはずです。

239 お料理を残してしまったときは

苦手な食材があるときや、お腹がいっぱいで召し上がれずに残す際は、お皿の上にひとまとめにしておくこと。また、給仕の方には、「おいしかったのですが、お腹がいっぱいで……」などと伝えても。

こんなとき、和食店でしたら、お懐紙をかぶせておくと見た目もよく、下げる方への心遣いも伝わります。

240 ウェイターを呼ぶときは目で合図

フォーマル度の高いレストランでは、「すみませーん！」と大きな声を出したり、手を高くあげてウェイターを呼んだりするのは品がありません。目で合図する、手を低めに上げる所作が、その場にあったふるまいです。

241 預けたコートを着せてもらうときは、下から

コートを着る際は、大きな動作にならないように注意しましょう。腕を上げて着ると、男性的な印象。腕を下に向けてコンパクトな所作になさると、品よくエレガントです。クロークなどで着せていただくときも、手は下から出すように。上から袖に入れようとすると「着せてもらうことに慣れていない」印象となってしまいます。

242 お会計はカードで

お食事をごちそうするときは、金額がわかってしまうと相手に気を使わせてしまいます。相手の方がお化粧室などに立たれた際に済ませるのがスマート。もしくは、ご自身がお化粧室に立つふりをして、お会計を済ませてしまうのも○。

割り勘のときでも、テーブルでは現金払いよりクレジットカードのほうがスマートです。お1人がまとめてお支払いし、お金のやり取りはお店を出てからに。

243 大人の女性はデザートと会話をゆっくり愉しむ

ランクの高いお店ほど、ゲストを急かしたりしません。ゲストは心ゆくまでデザートと会話を愉しむ傾向にあります。お食事は余韻も大切にしたいですね。

ただ、レストランのランクや意向も考えることが大切です。もし回転率を重視していたり、お待ちのお客様がいるようなら、長居を遠慮するのも、配慮のできる方です。総合的に考えて判断しましょう。

244 ビュッフェで、他人の分までとるのはマナー違反

ビュッフェスタイルは、自分の食べる分は自分でとるのがマナーです。「私の分もキープして！」「とってきてあげるわね」というのはNG。もちろん、同席される方がご高齢の方などご事情がある場合は例外です。

なお、ビジネス関連の場では、その会社の慣習や上司との関係に従って、とって差し上げることも。状況に合わせてふるまいましょう。

245 デザートを先にとるのは品がない

ビュッフェでいきなりメインディッシュやデザートに向かうのは、いささかはしたないですね。ビュッフェもコース料理と同じ順にとっていくのがルールです。お皿にとる際も山盛りは育ちが良いとはいえません。3、4品を目安に、あえてお皿に「余白」を残して盛り付けると上品に映ります。

常識ある大人のふるまい

- ✓ 正しいルールを知っている
- ■ 時流によるマナーの変化に対応している
- ■ それらにとらわれすぎず、臨機応変にふるまえる
- ■ お付き合いの大切さを知っている

第 9 章

オケージョン

冠婚葬祭の場では、
特別なことをする必要はありません。
その場にふさわしいふるまいができることこそが、
「育ちの良さ」です。
正しいマナーを知っていれば、
どんなときも自信をもって
ふるまえます。

オケージョン

246 フォーマルな場では、躊躇なく華やかな装いをする

パーティや披露宴などのおよばれした席、おめでたい席では、品格を保ちながらも華やかな装いをしたいですね。披露宴では花嫁より控えるのがマナーですが、招待した側には、「会場を華やかにしたい」「素敵な友人が沢山いると思われたい」という思いもあるでしょう。ですから招待された側には、パーティに華を添えて盛り上げるという使命もあることを心得ておきましょう。

どのような席なのか、何を求められているのかを察することができるのは、これまでに生きてこられたその方のセンスや感性です。

247 ドレスコードの感覚が身についている

フォーマルな場、目上の方とご一緒する場、式典などでは、最新流行のファッションではふさわしくないことも。逆に、ファッショナブルで華やかな場にあまりにもトラディショナルでは野暮ったく感じられる場合もあるでしょう。

流行とトラディショナル、どちらがふさわしいのか。会場のランクや雰囲気、集まる方々とご自身を俯瞰的に想像して装える女性は、「さすが」と思わずにはいられません。

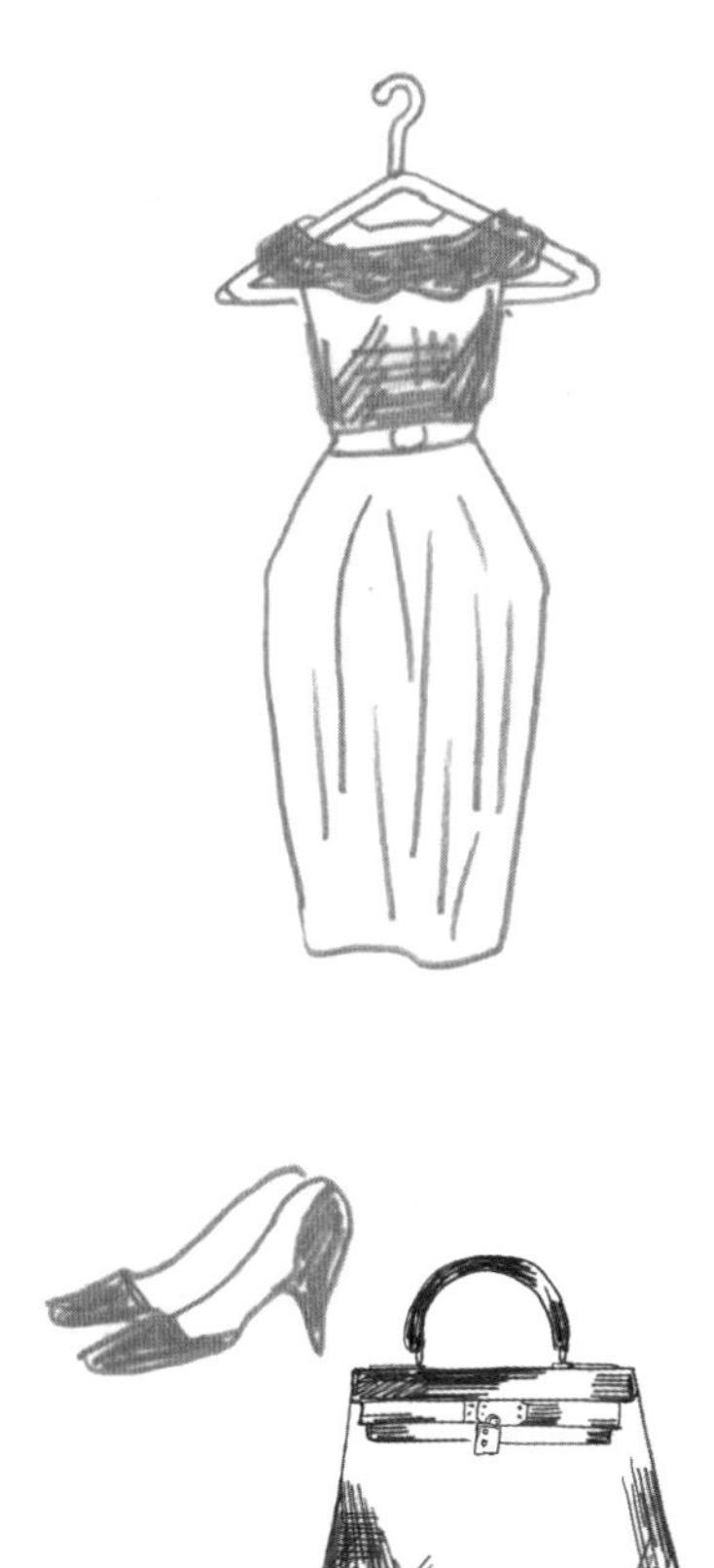

結婚式・こんなときどうする!?

248 結婚式のお祝い金はどうすればいいの?

お祝いの金額は、新郎新婦との間柄によって変わります。

一般的に、親類は5~10万円、友人・知人であれば3万円、仕事関係であれば3~5万円が多いようです。また、夫婦で招待され、引き出物がひとつになる場合は、5~6万円を目安に、親類や部下の披露宴なら7~8万円ということも。なお、お子さんも出席される場合には、お子さんの引き出物はご用意がないと思われますので、お食事分に値する額を足します。

逆に結婚祝いをいただいたときの返礼は、「内祝い」として、半額分をお返しする半返しが基本です。

249 結婚式に行ったら、結婚祝いを贈らなくても大丈夫？

式や披露宴に出席してご祝儀をお渡しした場合は、別途差し上げる必要はありません。ただ、親友など近しい間柄でしたり、親類の場合は、新居を訪れた際にお祝いの品を差し上げてもよいでしょう。

250 披露宴の席札やメニューは持ち帰るべき⁉

披露宴の席札やメニューは持ち帰らないとマナー違反になるのか？　とご質問を受けることがありますが、これはどちらでも結構です。席札などは新郎新婦がデザインされた物もあり、思い出としてお持ち帰りになると、新郎新婦も嬉しく感じて下さるかもしれませんね。

251 遠方から出席してくれるゲストのお車代はどこまで?

遠いところをわざわざ来ていただくのですから、なるべく相手の負担は少なくしたいもの。新郎新婦との関係性や地域にもよりますが、交通費は招待する側が全額、もしくは半額や一部を負担するものと考えられています。宿泊代に関しても同様です。

252 仲人へのお中元、お歳暮は3~5年続ける

お仲人さんへの季節のあいさつは、一般的に3~5年は続けるべきといわれています。その後、交流がないならば、5年をすぎた段階でお止めになってもよいでしょう。ただし、夏のお中元でストップするのではなく、年末のお歳暮までは続けます。その間、お中元はカットして、お歳暮だけ何年かお贈りしても結構です。お中元より、一年のお礼であるお歳暮が優先だからです。これを知らずにお中元の時点で止めてしまうのは大人として恥ずかしいことです。

お通夜・葬儀・こんなときどうする!?

253 親しくない知人の訃報 参列するのに適しているのはどちら？

本来、お通夜は親族中心で、一般の方は告別式に伺うものとされてきました。ただ近年、お通夜のみに参列するのが一般的になってきた印象です。

どちらに参列なさるか迷ったら、その地域やしきたりにもよるので周囲の方に相談なさるのが一番です。そして、どちらにしても故人への哀悼の気持ちを表すことが大切です。

また最近では、家族葬といって家族だけの内輪で葬儀を済ませることも多くなりました。遺族側から案内がなければ参列は控え、もし後日改めて故人を偲ぶ会やお別れ会が行われることがあれば、そちらに伺わせていただきましょう。

254 お通夜も喪服が主流

以前は「取り急ぎ駆けつける」という意味で普段着に近い装いで向かうべきといわれていましたが、今はお通夜も知らせを受けてからある程度時間がたって行われることが多くなりました。そのため準備もでき、普段着の方がほとんどいらっしゃらないため、喪服で伺ったほうが違和感がなくなってきました。

255 ネイルにも気をつける

口紅やシャドウ、チークを薄くするなどメイクは気をつけても、ネイルのことを忘れてしまい、当日恥ずかしい思いをした経験のある方もいらっしゃるのでは？　マニキュアは落としてから参列すること。ジェルネイルのようにすぐに落とせない場合は、冠婚葬祭用の黒い手袋があると安心です。

256 通夜ぶるまいは、ひと口でもいただくのがマナー

お通夜ではお焼香のあとに、通夜ぶるまいといって、喪主から食事がふるまわれます。これには僧侶や弔問客に対する感謝の意、故人の思い出を語る場、また、故人との最後のお食事という意味があります。短い時間でよいので、ひと口お箸をつけるのが礼儀です。お酒も同様ですが、飲み会の席ではないので、口を湿らせるくらいにしてお暇しましょう。

257 葬儀の場では控えめに

久しぶりに会う方もいらっしゃる場。ついつい笑顔であいさつ、会話をしてしまいがちですが、大変失礼であり大人として恥ずかしいふるまいです。場をわきまえ、節度をもって臨みましょう。

おわりに

育ちは、今日までの生き方、生き様、美学です

最後まで本書をお読み下さり、ありがとうございました。
「育ち」は変えていい。変えられる。
私のこの想いが伝わりましたでしょうか？

マナー講師をしておりますと、「一番正しいマナーを知りたいんです」「先生、これはマナー違反ですか？」「正解を教えて下さい」と、実に多くの方からひとつの解答を求められます。みなさん、白か黒か、正解か誤りかが知りたいのです。
マナー、エチケット、作法、お行儀、ルールには明確な境界線が存在するわけではありません。ですから本書でも、「これがマナーです」とはっきりお伝えできるものの他、マナーとは言わないまでも心地よいふるまいであったり、マナー以前の感覚的

なことであったり、と線引きが曖昧な事柄も多数記しました。

そう。私たちの日常は、この微妙で曖昧なことだらけです。

そして、「育ちの良さ」が醸し出されるときの多くが、この微妙で曖昧な場面においてなのです。

にじみ出る「育ちの良さ」を手に入れるために

本書を手に取っていただいたことで、「育ちの良さ」を手に入れたい！　と思われた方へ。私が一番大切にしていただきたいことをお伝えします。


実は、私のスクールで、婚活でもお受験でもビジネスでも、成功、合格された方の共通点は素直さです。

できない理由や、やらない言い訳、「でも……」という言葉を一切もたず、すんなりと受け入れ、スッと実行に移す。実に素直な生徒さんたちが、人生を大きく好転されました。これは私の講師人生において、女性も男性も、子どもも、大人も全く分け隔てのない事実です。

まずは素直に実践してみることで、周りはもとより、あなた自身が幸せで心地よく、清らかな感覚になるのは間違いありません。そんな感覚を、あなたもこれから日々味わえるとは、なんて素敵な人生なのでしょう！

今日から、「育ち」の底上げを重ねることにより、あなたのステージはグングンアップし、次々とサプライズな経験ができるはず。

みなさまの劇的な変化を、私も心から応援、お祈り申し上げております。

「育ち」は変えていいのです。「育ち」は変えられるのです。

最後に、本書の発刊にご尽力くださいましたダイヤモンド社の長久様、編集の円谷様、制作中お支えいただいたプロダクション尾木の末武様、山﨑様、本書に関わってくださったすべてのみなさまに心からお礼をお伝えいたします。

諏内えみ

[著者]
諏内えみ（すない・えみ）
「マナースクール EMI SUNAI」
「親子・お受験作法教室」代表

皇室や政財界などのVIPアテンダント指導を経て、スクールを設立。全国での講演やセミナーで、本物のマナーやふるまいの指導を行う。「美しい立ち居ふるまい」「会話術」「社交術」「和・洋テーブルマナー」など人気講座多数。なかでも、難関幼稚園、名門小学校の第一志望合格率95％の「親子・お受験作法教室」は、お行儀指導や願書作成、面接対策だけではなく、「にじみ出る育ちの良さと、品」が身につくと話題に。近年は、多くの男女を成婚に導く「婚活レッスン」も人気。政治家、起業家や経営者をはじめとするビジネスパーソン、主婦、学生など幅広いファンをもつ。

著書に、『もっと！「育ちがいい人」だけが知っていること』（ダイヤモンド社）、「大人の若見えを叶えるしぐさとふるまい」（大和書房）、『「ふつうの人」を「品のいい人」に変える 一流の言いかえ』（光文社）、「先生！ダメダメな私を2時間で仕事デキる風にしてください！」（KADOKAWA）など多数。

＊「育ちがいい人」は株式会社ライビウムの登録商標です。

「育ちがいい人」だけが知っていること

2020年2月19日　第1刷発行
2024年5月30日　第29刷発行

著　者――諏内えみ
発行所――ダイヤモンド社
〒150-8409　東京都渋谷区神宮前6-12-17
https://www.diamond.co.jp/
電話／03･5778･7233（編集）　03･5778･7240（販売）
ブックデザイン―小口翔平＋大城ひかり＋岩永香穂（tobufune）
イラスト――須山奈津希
DTP――アイ・ハブ
校正――鷗来堂
製作進行――ダイヤモンド・グラフィック社
印刷／製本―三松堂
構成――円谷直子
編集協力――末武真澄、山﨑浩子（プロダクション尾木）
編集担当――長久恵理

ISBN 978-4-478-11013-3